Efficacité de l'aide publique au développement

Question de la qualité des données

Collection « L'esprit économique »

fondée par Sophie Boutillier et Dimitri Uzunidis en 1996
dirigée par Sophie Boutillier, Blandine Laperche, Dimitri Uzunidis

Si l'apparence des choses se confondait avec leur réalité, toute réflexion, toute Science, toute recherche serait superflue. La collection « L'esprit économique » soulève le débat, textes et images à l'appui, sur la face cachée économique des faits sociaux : rapports de pouvoir, de production et d'échange, innovations organisationnelles, technologiques et financières, espaces globaux et microéconomiques de valorisation et de profit, pensées critiques et novatrices sur le monde en mouvement...
Ces ouvrages s'adressent aux étudiants, aux enseignants, aux chercheurs en sciences économiques, politiques, sociales, juridiques et de gestion, ainsi qu'aux experts d'entreprise et d'administration des institutions.

La collection est divisée en six séries :

Dans la série *Economie et Innovation* sont publiés des ouvrages d'économie industrielle, financière et du travail et de sociologie économique qui mettent l'accent sur les transformations économiques et sociales suite à l'introduction de nouvelles techniques et méthodes de production. L'innovation se confond avec la nouveauté marchande et touche le cœur même des rapports sociaux et de leurs représentations institutionnelles.

La série *Economie formelle* a pour objectif de promouvoir l'analyse des faits économiques contemporains en s'appuyant sur les approches critiques de l'économie telle qu'elle est enseignée et normalisée mondialement. Elle comprend des livres qui s'interrogent sur les choix des acteurs économiques dans une perspective macroéconomique, historique et prospective.

Dans la série *Le Monde en Question* sont publiés des ouvrages d'économie politique traitant des problèmes internationaux. Les économies nationales, le développement, les espaces élargis, ainsi que l'étude des ressorts fondamentaux de l'économie mondiale sont les sujets de prédilection dans le choix des publications.

La série *Krisis* a été créée pour faciliter la lecture historique des problèmes économiques et sociaux d'aujourd'hui liés aux métamorphoses de l'organisation industrielle et du travail. Elle comprend la réédition d'ouvrages anciens, de compilations de textes autour des mêmes questions et des ouvrages d'histoire de la pensée et des faits économiques.

La série *Clichés* a été créée pour fixer les impressions du monde économique. Les ouvrages contiennent photos et texte pour faire ressortir les caractéristiques d'une situation donnée. Le premier thème directeur est : mémoire et actualité du travail et de l'industrie ; le second : histoire et impacts économiques et sociaux des innovations.

La série *Cours Principaux* comprend des ouvrages simples, fondamentaux et/ou spécialisés qui s'adressent aux étudiants en licence et en master en économie, sociologie, droit, et gestion. Son principe de base est l'application du vieil adage chinois : « le plus long voyage commence par le premier pas ».

Olivier Mumbere Muhongya

Efficacité de l'aide publique au développement

Question de la qualité des données

Préface de John Ekina

L'Harmattan

5-7, rue de l'École-Polytechnique, 75005 Paris

http://www.editions-harmattan.fr

ISBN : 978-2-336-48442-6
EAN : 9782336484426

À Mimy Kabuo, ma tendre épouse !

Préface

Nous vivons désormais l'ère de l'information ou du moins l'ère de l'exploitation à tout prix des données disponibles. Celles-ci sont utilisées pour non seulement planifier au sein des entités microéconomiques mais également dans des entités macroéconomiques ou régionales. Et la planification constitue un art qui n'a pas commencé aujourd'hui. Elle date de plusieurs années déjà. Que ce soit dans les régimes collectivistes ou sous ceux capitalistes, la planification a été au centre de la prise de décision managériale. Et la planification s'arc-boute sur les données chiffrées. Pourtant, le monde ne s'est pas développé comme attendu et les entités de mise en œuvre des projets de développement n'ont pas accouché du développement attendu. Celui-ci demeure comme une lueur d'espoir sans cesse fugace. Le problème ne serait pas celui de la qualité des données utilisées dans la planification ou tout au moins dans la gestion des entités devant délivrer de l'aide.

J'apprécie l'aplomb avec lequel l'auteur approche la question de l'efficacité de l'aide publique au développement en la rapprochant de la problématique de la qualité des données ou mieux des critères d'évaluation de la qualité de celles-ci. Il est très regrettable de constater que chaque Agence de développement, qu'elle soit d'essence bilatérale ou multilatérale, tend à développer son propre arsenal de critères de la qualité des données. On a là la nette impression que chaque organisation de développement met en place ses propres unités de mesure pour mesurer la même réalité qu'est l'amélioration en termes qualitatifs et/ou quantitatifs des moyens de survie du genre humain. Les plus grands perdants sont les pays sous-développés qui se découvrent victimes des vendeurs de la poudre de perlimpinpin que sont les puissantes Agences de développement.

Au-delà de tout clivage idéologique, ce livre relance la réflexion autour de la nécessité d'un consensus autour de l'essentiel, c'est-à-dire les critères de la qualité des données. L'illusion de consensus dans laquelle baigne le monde actuel nourrit chaque jour plus d'inefficacité de l'aide publique au développement.

Professeur John Ekina, Ph. D.

Introduction générale

L'aide internationale aussi bien bilatérale que multilatérale est vieille de plus d'un demi-siècle. Elle a épousé différentes formes notamment la forme-projet, l'assistance technique, l'appui budgétaire, etc. Il sied de signaler, cependant, que la forme projet a connu le plus de succès et elle a couvert plus de 80 pour cent du flux financier relevant de l'aide aux pays en développement. Les raisons de cette préférence sont nombreuses mais la plus importante est surtout le fait que les pays demandeurs de l'aide extérieure sont souvent les plus affectés par la déficience en termes de gouvernance interne.

Si l'instrument-projet tend à gagner l'unanimité auprès des bailleurs, elle n'a pas toujours fait le charme auprès d'une partie des parties prenantes à savoir les gouvernements des pays hôtes. Ce choix de prédilection des bailleurs dont jouit la forme-projet est dû à plusieurs raisons notamment la possibilité qu'elle permet d'impliquer les populations bénéficiaires ; l'appropriation qu'elle favorise mais surtout le fait que les projets ont toujours servi de bras séculier à la diplomatie active dans un pays (ajouter l'auteur). Elle est soutenue par plusieurs auteurs comme Milton Friedmann... Ceci est vrai tant pour l'aide bilatérale que pour l'aide multilatérale. Hélas, l'aide bilatérale et multilatérale a essuyé de nombreuses critiques notamment le fait qu'elle ne permet pas aux pays en développement de sortir du piège de l'aide. Telle est la critique provenant de William Easterly notamment lorsqu'il évoque le « *big push* » de l'aide. L'analyse de l'efficacité de l'aide via la qualité des données produites par un projet fait l'objet du présent article.

La question fondamentale de cette étude est celle de savoir comment la qualité des données impacte l'efficacité de l'aide. Et si la réponse à la question précédente est affirmative, comment remédier à cette situation étant donné la préférence de l'aide par la modalité de projet.

Il est vrai qu'à ce stade, la littérature est partagée entre les analyses macroéconomiques et celles microéconomiques de l'efficacité de l'aide. Cette étude est à situer dans la catégorie des analyses microéconomiques.

Les mesures visant à améliorer l'efficacité de l'aide se sont cristallisées autour des évaluations aussi bien de performance que d'impact mais également de toutes les mesures à caractère structurel qui visent à rendre l'aide efficace. De nombreuses organisations multilatérales comme l'OCDE, la Banque mondiale ou la Banque africaine de développement ont renforcé leurs mécanismes de redevabilité interne et externe notamment en améliorant les processus d'évaluation des projets – des évaluations de performance ou d'impact. C'est ainsi, par exemple, que l'OCDE a récemment renouvelé les normes d'évaluation de performance des projets en édictant de nouveaux critères standards d'évaluation. L'OCDE a également investi ses efforts dans la mise en place d'un réceptacle des données des projets de développement. Cependant, très peu – sinon aucun – d'auteurs ont exploré la question de l'évaluation de la qualité des données comme facteur pouvant favoriser ou inhiber l'efficacité de l'aide. Cette analyse est de type microéconomique car se centre sur chaque projet pris individuellement. L'approche sera celle d'une étude de cas s'appuyant sur des données qualitatives et quantitatives.

CHAPITRE I.

Le paradoxe d'une aide appauvrissante

C'est depuis la décennie 1960 que l'aide internationale a été mise à la disposition de nombreux pays qui se libéraient du joug colonial. En effet, au lendemain des indépendances les pays anciennement colonisés se sont retrouvés dans le besoin d'assistance technique mais également des moyens financiers pour faire face à une pauvreté croissante. Les résultats de l'aide internationale divisent les analystes de l'aide en ce sens que certains pays se sont progressivement développés en bénéficiant gracieusement de l'aide internationale (cas de la Corée du Sud) alors que d'autres n'ont fait que régresser en devenant davantage dépendants de cette aide internationale (cas de la République démocratique du Congo). On pourrait même facilement parler – à propos de ce dernier groupe – de la malédiction de l'aide internationale.

Cette section vise à montrer comment les analystes de l'aide sont souvent passés à côté de l'essentiel en mettant l'accent à la fois sur les aspects microéconomiques que macroéconomiques.

Aide publique au développement

Selon l'OCDE, l'« aide publique au développement » est l'aide fournie par les États dans le but exprès de promouvoir le développement économique et d'améliorer les conditions de vie dans les pays en développement.

Dans ce sens, l'aide peut aller directement du pays donateur vers le pays bénéficiaire. Elle est alors bilatérale. Elle peut épouser la forme de contributions des États au fonctionnement et aux programmes des organismes internationaux (comme l'UNICEF ou la Banque mondiale). Elle devient alors multilatérale.

L'aide humanitaire et l'aide au développement sont deux formes d'assistance qui s'opposent tout en étant complémentaires. En effet, l'aide humanitaire offre des secours immédiats et vitaux aux personnes touchées par une catastrophe naturelle ou un conflit alors que l'aide au développement vise à améliorer durablement les conditions de vie des populations visées.

La politique d'aide au développement dépend d'un pays à un autre et est souvent dictée par les impératifs de la sécurité et de sauvegarde des intérêts stratégiques du pays donateur. Étant donné que l'aide publique au développement mobilise les recettes fiscales du pays donateur, elle fait l'objet d'un contrôle étroit des organes législatifs du pays donateur.

Contributions à l'aide au développement

La contribution à l'aide au développement varie d'un pays à un autre. Cette situation tient à la politisation de l'aide, chaque pays s'imposant ses propres repères en matière d'aide publique au développement. Le tableau ci-dessous est illustratif des écarts entre les pays.

N°	Pays	Objectif significatif (*)	Objectif principal (*)	Observations
1	Allemagne	8 551 000 000	371 000 000	Objectif principal largement inférieur à l'objectif significatif
2	États-Unis	4 899 000 000	1 050 000 000	Objectif principal inférieur à l'objectif significatif
3	Royaume-Uni	4 566 000 000	639 000 000	Objectif principal largement inférieur à l'objectif significatif
4	France	3 758 000 000	679 000 000	Objectif principal largement inférieur à l'objectif significatif
5	Japon	3 934 000 000	97 000 000	Objectif principal largement inférieur à l'objectif significatif
6	Canada	2 289 000 000	878 000 000	Objectif principal largement inférieur à l'objectif significatif
7	Italie	501 000 000	81 000 000	Objectif principal largement inférieur à l'objectif significatif
8	Espagne	141 000 000	118 000 000	Objectif principal se rapproche de l'objectif significatif
Source : OECD, Aid projects targeting gender equality and women empowerment (CRS) and DAC gender equality policy marker methodology ; 2019.				

(*) En dollars américains. Tableau n° 1 : contribution à l'aide au développement.

D'où le graphique ci-dessous :

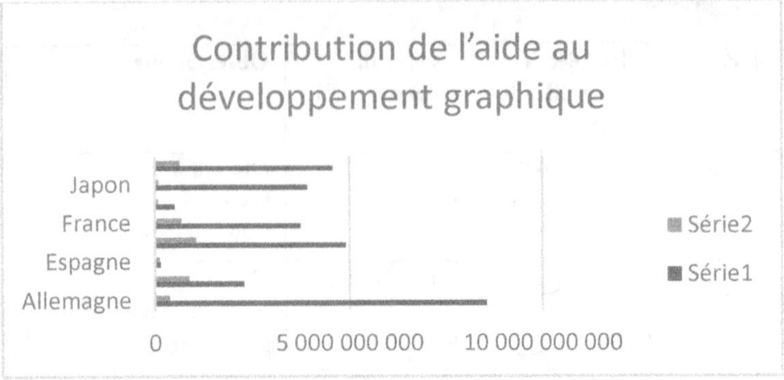

Source : Données OCED, 2019.

Analyses de type macroéconomique

La question de l'amélioration de l'efficacité de l'aide extérieure a fait l'objet de plusieurs analyses. Ainsi pour Ahizin Dorcas, qui cite Jacquet (2006), l'aide au développement *constitue une forme de politique publique mondiale dans les relations Nord/Sud. Elle est un vecteur d'intérêts politiques étroitement lié à la guerre froide et à la décolonisation... Les motivations et les intérêts de l'aide ne sont donc pas libres de contingences politiques. Instrument privilégié des relations Nord-Sud, elle est une politique publique pour sa contribution à l'action collective internationale. Elle est généralement présentée comme une politique publique engagée par devoir et par solidarité de lutte contre la pauvreté dans une vision stratégique de gouvernance*[1].

[1] Ahizi Dorcas : **Évaluation de la performance de projets d'aide internationale au développement : exemple de trois projets exécutés en Côte d'Ivoire** ; HAL Id : tel-02274553
https ://tel.archives-ouvertes.fr/tel-02274553 Submitted on 30 Aug. 2019 ; p. 20.

Avec Ahizin, l'aide apparaît comme un outil de politique publique c'est-à-dire un moyen officiellement (et de façon plus ou moins prioritaire) accepté par les autorités du pays bénéficiaire en vue d'influer durablement sur la croissance économique du pays. Ce point de vue a sans doute inspiré de nombreuses analyses économétriques fondées sur les données de type transversal. Il s'agit des études macroéconomiques transversales. En effet, selon Patrick Guillomont *et al.*, *les études macroéconomiques transversales sur la contribution de l'aide à la réduction de la pauvreté font face à trois défis méthodologiques principaux. En premier lieu la qualité des données et la pertinence même du concept* d'aide ont été souvent critiquées : elles sont certes imparfaites, comme souvent les données utilisées en analyse transversales, et des *améliorations peuvent y être apportées. Ensuite, les régressions mises en œuvre pour tester l'effet de l'aide sur n'importe quelle variable ont été fortement critiquées de ne pas pouvoir prendre en compte l'hétérogénéité des situations des différents pays* (Bourguignon et Leipziger, 2007) *: cependant, une spécification appropriée, incluant des effets conditionnels et non linéaires, peut dans une certaine mesure y parvenir. Enfin, l'estimation de l'impact de l'aide se heurte au problème majeur que soulève la possible endogénéité de l'aide et auquel il a été tenté de répondre de diverses façons*[2].

On constate qu'ici, la démarche macroéconomique est quantitative dans sa démarche méthodologique et vise surtout à convaincre les preneurs de décisions (d'où le recours à un puissant outil statistique et mathématique).

---

[2] Guillomont Patrick *et al* : « L'efficacité de l'aide pour réduire la pauvreté : leçons des analyses transversales et influence de la vulnérabilité des pays », *in* De Boeck Supérieur | *Revue d'économie du développement* ; 2013/4 Vol. 21 | pages 115 à 164.

Par ailleurs, nonobstant les défis méthodologiques ci-dessus relevés par Patrick Guillomont, nos points de vue convergent sur sa conclusion selon laquelle *sur l'échelle macroéconomique, un impact stabilisateur peut être attendu de l'aide. La raison est simple. Les sources exogènes d'instabilité, externes ou naturelles, et l'instabilité de la croissance économique qui en résulte influent négativement et significativement sur la croissance moyenne. Elles contribuent également au renforcement des inégalités en rendant la croissance moins favorable aux pauvres. En conséquence, si l'aide contribue à stabiliser le taux de croissance du PIB, il est vraisemblable qu'elle aura un impact positif sur la croissance moyenne et qu'elle la rendra plus favorable aux pauvres*[3].

En outre, le propre des analyses économétriques étant de ressortir et de mesurer des corrélations pouvant exister entre la croissance et l'une ou l'autre variable pouvant influer sur la croissance (ou la pauvreté), il appartiendra aux décideurs étatiques de s'engager sur les pistes éclairées par les nouvelles relations débusquées afin de mettre en place des mesures de politique économique de nature à redresser la situation des plus vulnérables et réduire sensiblement la pauvreté. Dans la pratique, le gouvernement devra passer par la mise en œuvre d'une politique ou alors d'un programme visant à redresser les niveaux des variables dites critiques dans l'amélioration de la croissance. Si l'objectif d'une politique n'est pas d'améliorer le niveau de la pauvreté, le recours à un programme doit mener à la conduite d'une évaluation de fin de projet/programme afin de mesurer et mettre en exergue l'effet induit par le projet ou la mise en œuvre de la politique.

[3] Guillomont Patrick *et al.*, *idem*, p. 36-37.

Analyses de type microéconomique

Les analyses de type microéconomique sont celles qui s'appesantissent sur la recherche de l'efficacité et de l'efficience dans l'utilisation des ressources limitées. Celles-ci peuvent être logistiques ; matérielles ; humaines ; financières, etc.

Les analyses microéconomiques visent souvent à analyser les moyens d'optimisation des ressources qui sont mis à la disposition des projets en vue d'atteindre les objectifs assignés à ceux-ci. L'évaluation de l'efficacité et de l'efficience est réalisée ex ante (lors de l'étude de référence) afin d'établir si oui ou non les conditions d'efficacité et d'efficience sont réunies avant de lancer le projet ; pendant la mise en œuvre pour des raisons de correction et à la fin de la mise en œuvre pour faire le bilan de l'ensemble.

Si l'efficacité et l'efficience sont tournées vers le résultat, elles contemplent différemment les moyens vers le résultat. Les moyens doivent être minimaux pour parler de l'efficience alors qu'ils devront juste permettre d'atteindre le résultat recherché pour l'efficacité.

La mise en œuvre de chaque projet de développement est fondée sur une analyse de type microéconomique. La recherche de l'efficacité est privilégiée et constitue même le moteur de la relation qui lie l'agence de mise en œuvre et l'institution – bilatérale ou multilatérale bailleresse.

On constate, actuellement, qu'au niveau de chaque projet pris isolément que l'intérêt est mis de plus en plus sur la collecte, l'analyse et la diffusion des données. Les données sont désormais nécessaires et obligatoires non seulement pour améliorer l'efficacité des activités mises en œuvre, et partant, la bonne gestion du projet mais également pour communiquer avec les autres parties prenantes au projet, notamment le gouvernement hôte, les nombreux groupes citoyens de plus en plus exigeants en termes de redevabilité et surtout les instances de contrôle citoyennes des pays donateurs.

L'expérience prouve aujourd'hui que la satisfaction des bénéficiaires des projets de développement est mesurable et guide souvent même la mise en œuvre des projets de développement. Cette mesure de l'utilité des activités des projets de développement est perceptible aussi bien dans le chef des agences de mise en œuvre qu'au niveau des populations pauvres ciblées par les projets de développement.

Par ailleurs, il sied de souligner ici qu'au niveau microéconomique, l'inefficacité de l'aide se pose moins en termes des données de qualité que de choix des projets de développement susceptibles de booster le développement économique des populations. Au niveau microéconomique, les données sont disponibles mais nécessitent néanmoins un suivi régulier et continu de leur qualité car la gestion contractuelle de l'aide peut toujours conduire à des dérapages sur la qualité des données. En effet, nul n'ignore que les pays bailleurs confient leurs fonds à des organisations internationales via des contrats de performance très étroitement surveillés par une bureaucratie sans pitié.

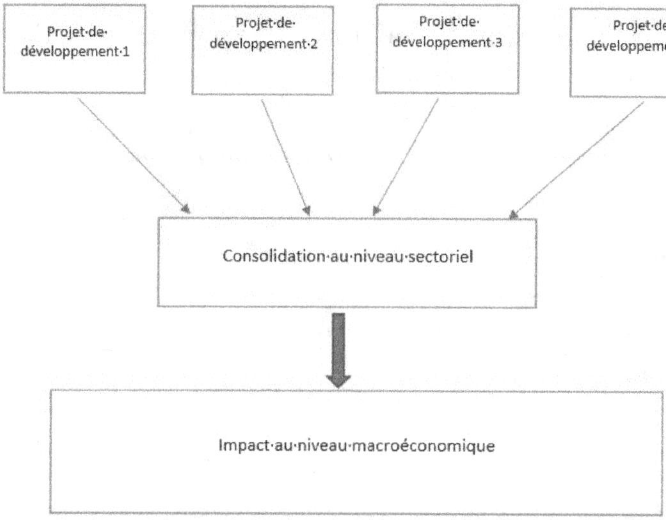

Fig. n° 1 : Relation micro et macroéconomique dans la gestion de l'aide publique.

C'est également ici le lieu de souligner l'autre revers de la médaille. Le fait qu'en amont, les projets de développement ne sont coordonnés ni au niveau global ni moins encore au niveau national – des efforts louables existent pour l'aide d'urgence autour des institutions des Nations Unies rendant l'aide moins prévisible, et partant, moins efficace. Les effets pervers de l'absence de la coordination et de la prévisibilité de l'aide se ressentent de différentes manières. Au niveau local, lorsque l'aide n'est pas coordonnée, chaque bailleur fait ce qu'il peut suivant les instructions reçues de son gouvernement. Il s'agit ici de l'hypothèse la plus mauvaise c'est-à-dire celle où l'aide n'est pas coordonnée par le gouvernement local. Dans plusieurs pays, cette hypothèse est devenue atypique. L'aide est de plus en plus coordonnée par les gouvernements des pays demandeurs de l'aide mais sa prévisibilité demeure un grand défi. En effet, les pays pauvres reçoivent difficilement l'aide dont ils ont réellement besoin pour décoller. Nous partageons l'opinion de Léonce Ndikumana lorsqu'il affirme que *les projets d'aide tendent aussi à avoir des effets de retombées sous-optimaux dans l'économie locale, ce qui réduit l'efficacité globale de l'aide. Les programmes d'aide restent souvent des îlots virtuels dans l'économie, ce qui minimise leur impact macro*[4].

L'aide délivrée sous la forme-projet tourne autour des données. Les analyses de type microéconomique ou macroéconomique renforcent encore davantage cette opinion. Il est clair, néanmoins ici, qu'au-delà des données de qualité, la prise de décision aussi bien au niveau microéconomique que macroéconomique exige que les preneurs de décisions prennent de l'écart vis-à-vis des pesanteurs politiques.

---

[4] Ndikumana Léonce : « Appliquer l'évaluation à l'aide au développement : une solution pour combler le fossé micro-macro de l'efficacité de l'aide ? » in *Revue d'économie du développement* 2012/4 (Vol. 20), pages 125 à 153, Éditions De Boeck.

Chapitre II.

La problématique des critères de la qualité des données dans l'évaluation de la qualité des données

Le monde des affaires (l'économie, les finances ou le marketing stratégique ou opérationnel) a réussi brillamment à passer au secteur de développement et à celui du social l'engouement de l'utilisation des données. Ainsi donc, aujourd'hui plus qu'hier, l'on ne peut plus parler de développement sans évoquer les chiffres illustrant les tendances les plus persistantes. Cette « *chiffromanie* » (la manie d'évoquer les chiffres) est devenue tellement envahissante qu'elle a contaminé la sphère politique et/ou sociale. En effet, un politique est efficace dans la mesure où il peut démontrer qu'il a réussi à sauver « X » nombre de ses compatriotes d'une morbidité ou simplement du chômage alors qu'un autre est jugé incompétent juste parce qu'il n'a pas réussi à sauver « Y » nombre de ses compatriotes victimes d'une pandémie qui aurait pu être « évitée » ou dont les effets auraient pu être mitigés. Ces chiffres sont brandis souvent lors de grandes joutes électorales pour revendiquer ce qui est légitime, c'est-à-dire la reconnaissance ou mieux la légitimation de son action sur le terrain si ce n'est pas simplement pour se défendre face au déferlement des attaques dans le camp adverse. Sur un autre terrain beaucoup plus étrange, mais pourtant devenu amusement pour les États modernes, les militaires n'hésitent plus à utiliser les données GPS fournies via les téléphones portables pour planifier leurs opérations sur le terrain. L'objectif étant évidemment celui de privilégier l'efficacité mais également l'efficience : perdre le moins d'hommes possible tout en infligeant de sérieux dommages sur l'ennemi. On pourrait multiplier les exemples sur l'utilisation des données chiffrées dans le monde actuel. C'est dire que les données sont aujourd'hui très importantes non seulement pour planifier mais également pour décider pendant le cycle de mise en œuvre et pourquoi pas tirer de bonnes leçons pour l'avenir. C'est que les données aident aujourd'hui à obtenir des connaissances en vue d'éclairer la lanterne du décideur à l'avenir. D'où le triptyque actuellement accepté par tous : donnée – connaissance – sagesse.

Il va sans dire que ces données, auxquelles tout le monde attache une si grande importance, doivent répondre aux critères les plus exigeants de qualité pour servir de terrain consensuel mais également pour servir de mesure objective de progrès ou de régression.

Qualité des données, quid ?

Il convient de disséquer le concept « qualité des données » pour mieux l'appréhender. Il convient de se demander : « données » rime à quoi et « qualité » fait référence à quoi ? En effet, *Les « données » sont constituées de chiffres, de lettres et de symboles et ne deviennent information que lorsqu'on les organise sous forme d'ensembles, d'expressions ou de modèles. Nous utilisons l'information pour déterminer des besoins, pour mesurer des répercussions et pour prendre des décisions éclairées. Si les données à partir desquelles nous avons établi des conclusions ou pris des décisions sont incorrectes à certains égards, ces conclusions et ces décisions peuvent également être incorrectes ou trompeuses. Par contre, la « qualité » est mesurée en fonction de diverses caractéristiques, qui varient selon le point de vue choisi*[5]. En d'autres termes, évaluer la qualité des données c'est utiliser des tamis, standards ou critères spécifiques (**selon les intérêts immédiats de son organisation ou de ses clients**) de jugement pour établir si oui ou non les données utilisées peuvent être recommandées à une quelconque utilisation.

Voilà une définition qui satisfait mais vous laisse avec un goût de déception. Car si les données (spécialement les chiffres qui nous intéressent ici) sont en soi objectives par leur essence, les dimensions, standards ou critères d'évaluation sont plutôt subjectifs. Ils dépendent des intérêts immédiats de leur organisation ou de leurs clients.

Il existe donc autant de standards que d'organisations et, qui plus est, le contenu de chaque standard peut varier d'une organisation à l'autre ; d'un pays à un autre. Il est clair que cette situation pose un sérieux problème de consensus sur les fondamentaux avant de discuter de la rigueur dans l'évaluation elle-même. Par ailleurs, évaluer la qualité des données environnementales ou atmosphériques devra être inévitablement différent d'évaluer la qualité des données du secteur de croissance économique ou du domaine de la sécurité physique d'une communauté.

L'on ne saurait clore l'introduction à cette section sans souligner la différence ontologique existant entre la qualité des données (ci-haut définie) et l'assurance qualité. En effet, pour

---

[5] Tiré de https://www.statcan.gc.ca/fra/trousse-qualite-donnees en date du 19 décembre 2020.

Martin Goulet, l'assurance qualité est l'*ensemble des actions préétablies et systématiques nécessaires pour donner la confiance appropriée en ce qu'un produit ou service satisfera aux exigences données relatives à la qualité*[6].

Dimensions d'évaluation de la qualité des données

En parlant des données, il convient de distinguer les protagonistes suivants qui interviennent à différents niveaux du procès de la qualité des données. Il s'agit d'une part du producteur des données ; de l'utilisateur des données et de l'expert appelé à mesurer la qualité des données. Les données peuvent être soit produites par l'entité qui les utilise (et les stocke) ou alors elles sont produites par une tierce entité et utilisées par l'entité qui se pose des questions pertinentes sur la qualité des données. Dans les deux cas, il s'agit de la question de qualité des données qu'il faut régler.

Pour de nombreux utilisateurs des données numériques, la question de la qualité des données ne peut être réglée qu'à travers la comparaison de l'état actuel d'un ensemble particulier de données avec un état souhaité, ce dernier étant généralement labellisé « bon à utiliser » ou « répond aux attentes des utilisateurs » ou « répondant aux normes ». Ces normes sont généralement produites par une organisation ou un ensemble d'organisations ; par un État ou un ensemble d'États. Ce sont donc des dimensions unilatéralement retenues pour leur pertinence.

---

[6] Martin Goulet, « Hiérarchiser les dimensions de la qualité des données : analyse comparative entre la littérature et les praticiens en technologies de l'information », mémoire de master à la Faculté des sciences, Université de Sherbrooke, Longueuil, Québec, Canada, février 2012, p. 9.

Évolutions récentes sur les dimensions des données

Évaluer une donnée c'est donner son opinion sur la qualité de celle-ci en s'appuyant sur certains critères dits « universels ». Un tel exercice s'organise par étapes successives et est susceptible d'être répété sur les mêmes données à travers le temps.

Ainsi donc, les données d'un indicateur peuvent facilement, au cours de la vie d'un projet, passer du rouge (pire situation d'une donnée) au vert (données recommandables) après avoir transité par le jaune (données moyennement acceptables). Ainsi donc, les données d'un indicateur peuvent évoluer au cours de la vie d'un projet passant du jaune au rouge ou vice versa. L'important n'est pas de relever la couleur actuelle d'une donnée d'un indicateur mais plutôt la batterie des mesures mises en place pour inverser la tendance, ou mieux, obtenir les données qualitativement recommandables. Une question se pose d'entrée de jeu : peut-on corriger les données antérieurement reportées dès lors qu'on réalise que les données reportées sont entachées de graves irrégularités relatives à leur qualité ? Pour répondre à cette question, il convient d'expliciter ici quelques concepts importants qui se trouvent au cœur de l'existence même des données. Il s'agit des concepts « projet » de développement, indicateur de développement, résultat et suivi, évaluation et capitalisation des connaissances.

Qu'est-ce qu'un projet de développement ?

Le concept « projet » est aujourd'hui utilisé indifféremment qu'il s'agisse de projet de développement ou de projet à caractère industriel ou commercial. Or, tout projet n'est pas un projet de développement. Il existe, en effet, différents types de projets. Ainsi donc, selon Jean-Yves Moine, un projet est avant tout une

« œuvre, innovante et complexe, un ensemble d'opérations destinées à atteindre un objectif précis. Un projet a un début et une fin. La construction d'un véhicule, d'une usine ou d'un RADAR, par exemple, sont des projets industriels[7]. »

Jean-Yves va plus loin en citant carrément les types de projets. Il parle de : « *projets de type Engineering, Procurement, construction tels que la réalisation d'une centrale nucléaire ou d'une usine ; les projets d'infrastructure, comme la construction d'une autoroute ou d'une infrastructure de tramway ; les projets de développement de produit ou de mise en place de produits nouveaux ; les projets informatiques ; les projets de maintenance et d'intervention ; les projets de recherche et de développement ; les projets de service ou événementiels. Bien que les caractéristiques de ces projets soient différentes, la méthodologie de gestion est toujours la même car l'objectif est défini précisément ; le schéma envisagé pour atteindre cet objectif est établi au point de vue délais ; coûts ; moyens et qualité ; l'avancement physique du projet est contrôlé périodiquement ; le résultat prévisionnel du projet et déduit, et comparé périodiquement à l'objectif*[8]. »

En ce qui nous concerne ici, nous parlerons concrètement de projet de développement. En effet, parlant précisément des projets de développement, le professeur Ferdinand Mushi Mugumo cite les définitions de Stengel, Olivier Roland, Bussery André, Chadenet et King.

« *Selon Stengel, le projet est un ensemble d'investissements qui doit être achevé pour avoir une valeur réelle pour l'exploitation et ne contient pas de sous-ensemble ayant cette propriété. Olivier Roland dit, quant à lui, que le projet est constitué par l'ensemble*

---

[7] Moine Jean-Yves : *Le grand livre de la gestion de projet*, Éditions Afnor, Plaine-Saint-Denis, 2013, p. 41-42.

[8] Moine Jean-Yves ; *Idem*, p. 42.

d'études techniques, économiques, financières et humaines qui définissent ce que chacun doit faire pour atteindre un but déterminé... Pour Bussery André, le projet de développement est une opération ou un ensemble d'opérations précises (même si elles sont complexes) à réaliser au cours d'une période de temps donné en vue de mettre à la disposition de son promoteur de nouveaux moyens de production ou des nouveaux équipements collectifs (écoles, hôpitaux). Il est caractérisé par le fait que l'on en connaît, en principe, les limites, même si elles sont vastes et l'objectif, même s'il est éloigné dans le temps. Chadenet, quant à lui, définit le projet comme un ensemble optimal d'actions à caractère d'investissement fondé sur une planification sectorielle, globale et cohérente (rapport entre plan, programme et projet) grâce à laquelle une combinaison définie des ressources humaines et matérielles engendre un développement économique et social d'une valeur déterminée. Enfin, King estime que le projet est un ensemble de moyens mis en œuvre de façon coordonnée qui doit poursuivre un résultat de développement et concourir à la réalisation des objectifs de planification. Un projet représente un instrument complexe et de nature très diverse. Il peut s'agir des productions directes, d'amélioration du niveau technique ou du rendement de réduction des coûts de l'économie (stockage, transport) ou du rendement de réduction des coûts de l'économie (stockage, transport, structures) ou d'amélioration de l'ambiance sociale (santé, habitat, etc.)[9]. »

De tout ce qui précède, nous retenons qu'un projet de développement est une activité mobilisant à la fois les ressources humaines, matérielles ou logistiques, financières, relationnelles en vue d'atteindre un changement souhaité souvent cristallisé

---

[9] Mushi Mugumo Ferdinand, *Les projets : techniques d'élaboration, d'exécution et d'évaluation*, Éditions Pensée Africaine, Kinshasa, 2010, p. 31.

dans un certain nombre de résultats préalablement planifiés sur une durée de temps bien définie.

Ainsi donc, un projet peut durer 1, 2, 3, 4, 5 années ou plus. À cause des contraintes liées au financement des projets de développement, ces derniers ont tendance à être financés sur de très courtes périodicités allant d'une à cinq années. Cet horizon temporel étant souvent trop court, ne permet pas souvent de démontrer les changements souhaités par le projet. C'est ainsi que de nombreuses agences de développement préfèrent reconduire le même projet dans l'espoir d'atteindre des résultats qui sont par nature de l'ordre du long terme. Par exemple, un projet qui vise la réduction du taux d'abandon à l'école primaire ne peut avoir de sens que dans la mesure où il a une durée d'au moins six années étant donné que le premier cycle d'éducation dure au moins six ans.

Il va sans dire que pendant toute la durée d'un projet, les données sont collectées, traitées, analysées et reportées trimestriellement ou semestriellement ou alors annuellement. Les données sont au centre de la prise de décision et ne doivent pas être considérées comme des exigences liées au rapportage du projet. Chaque projet singulier devrait considérer les données collectées et finalement rapportées comme de véritables sources d'information sur la bonne ou la mauvaise marche du projet. D'où la nécessité de collecter les données les plus pertinentes pour le projet. Ceci passe par le choix d'indicateurs. Mais ces derniers sont choisis sur la base des résultats du projet. Il est important à ce stade de souligner le fait que les choix des résultats et d'indicateurs sont soumis à des normes strictes dont l'observance ou la non-observance peut peser sur la qualité des données.

De nos jours, un projet est devenu un outil incontournable pour résoudre les problèmes les plus divers qui se posent au sein d'une communauté ou même de tout un pays. C'est dire tout l'enjeu que représente un projet lors de sa mise en œuvre. Car, en effet, les attentes sont souvent les plus élevées entre d'une part l'Agence de mise en œuvre (liée contractuellement au bailleur de fonds) et le bailleur et les bénéficiaires du projet d'autre part. À ces trois personnages ou groupes de personnes, il sied d'ajouter le public général ainsi que les organes de redevabilité tant dans le pays qui accueille le projet ou dans le pays de l'Agence bailleresse. Les suspicions sont souvent légion et seules les données quantitatives peuvent départager les différentes parties prenantes. Ces enjeux importants qui bougent les différentes parties prenantes soulignent l'intérêt de la qualité des données qui sont toujours au centre des rapports d'avancement du projet.

Résultats d'un projet

Les résultats du projet sont les objectifs précis pour lesquels le projet a été élaboré. Ils sont retenus sur la base des évidences scientifiques acceptées préalablement ou alors sur la base d'une logique de mise en œuvre retenue et préalablement discutée entre parties prenantes. On parle souvent de la théorie de changement.

La théorie du changement (Théorie de changement) constitue le point de départ d'un plan de suivi, évaluation et capitalisation des connaissances. C'est la manière dont un projet entend atteindre ses objectifs. Il existe deux types de théorie de changement : la théorie de changement fondée sur une théorie scientifique existante et la théorie de changement, élaborée sur la base d'une logique de mise en œuvre préalablement validée par les parties prenantes. Dans ce dernier type, la théorie de changement est envisagée comme un processus flexible, itératif et évolutif, plutôt qu'un produit rigide. La théorie est, dans ce cas soumis à la discussion d'un large éventail de parties prenantes au cours d'un forum de validation.

Un projet de développement constitue le meilleur moyen d'opérer un changement dans un domaine bien précis. Il peut s'agir de l'éducation ; de la santé ; de l'agriculture ou de la gouvernance, etc. Au lancement d'un projet, les gestionnaires ont besoin des données chiffrées pour montrer à quels niveaux se situent les principaux indicateurs. De même, à la clôture du projet, l'on a besoin des données des mêmes indicateurs afin de ressortir la performance du projet. Et en procédant par la comparaison de la situation initiale et la situation d'arrivée, on sait démontrer le changement que le projet a entraîné. Pour que ce changement ne soit pas biaisé, il faut que les données utilisées en amont (au début du projet) et en aval (à la clôture) soient des données dignes de confiance. Autrement, elles peuvent induire en erreur. Outre ces données directement liées aux résultats du projet, il existe toute une kyrielle de données d'origines diverses qui peuvent être utilisées à bon escient pour comprendre l'efficacité et l'efficience qui sont les valeurs qui doivent caractériser un projet.

C'est dire ici toute l'importance des données dans la vie d'un projet. Sans elles, le projet ne serait jamais un outil utile pour l'amélioration des conditions de vie des peuples, et partant, apprécier à leur juste valeur le style de gouvernance d'un groupe politique ou d'un groupe d'intérêt économique.

Il existe différents types de données. Leur diversité au sein d'un projet de développement dépend de la nature du problème à résoudre (ou du changement recherché) comme également de la complexité de la théorie de changement.

Qu'est-ce qu'une donnée ?

Une donnée est toute forme d'information utile pour la gestion d'un projet de développement. Elle peut être perçue comme une unité d'observation ou comme une variable.

Pour Bernàt Gàbor, *une unité d'observation est une personne ou une chose sur laquelle des mesures ont été prélevées. Cela peut également être un cas, un objet, un sujet, etc. Une variable, poursuit-il, est une caractéristique mesurée de l'unité d'observation. On appelle parfois variable valeur observée ou observation. Enfin, Gàbor présente trois types de variables notamment la variable quantitative (prend les valeurs numériques) ; la variable catégorielle (où une observation peut tomber dans l'une des catégories créées) et la variable ordinale (exprime un ordre naturel où la différence entre deux observations n'a aucun sens)*[10].

La définition de Bernàt a l'avantage de souligner la nature diverse des données. Celles-ci peuvent être une personne, une chose, un objet ou un sujet, etc. Les données du projet de développement sont également très diverses et dépendent de la nature de l'activité mise en œuvre par le projet.

La tendance actuelle est de réduire le concept « donnée » aux concepts « statistiques » ou « statistique ». En effet, statistique ou statistiques renvoient à l'idée de chiffre. Si les statistiques sont des chiffres bruts relatifs à une variable, la statistique est également un chiffre qui résume une série des chiffres. On parle de moyenne, médiane, variance ou écart-type, etc. qui sont tous des chiffres qui résument les tendances centrales des chiffres se rapportant à des variables spécifiques. Au-delà des chiffres, un projet de développement collecte des informations non chiffrées

---

[10] Bernàt Gàbor : "Statistics : making sense of data", @coursera, May 23, 2013, p. 3.

comme, par exemple, « oui » ou « non ». Ces informations constituent des données autant que les chiffres et peuvent nourrir les indicateurs de mesure des objectifs d'un projet de développement. Ainsi, une statistique (moyenne ou écart-type ou médiane...) peut être une donnée susceptible de donner sens à un indicateur de résultat.

Pour mémoire, les données sont souvent collectées (suivant une méthodologie bien établie) ; traitées (suivant les attentes ou la nature des données) et analysées afin de permettre l'élaboration d'un rapport. Ainsi donc, les données préexistent au rapport et donc, partant, une donnée de mauvaise qualité a de très fortes chances de désorienter les prises de position d'un rapport, et partant, l'utilisation des données qui peuvent en découler. Comment éviter les erreurs, défauts et autres oublis qui affectent généralement la qualité des données ? La réponse est simple car il suffit de conduire en Internet, et ce, régulièrement les évaluations de la qualité des données. C'est quoi une évaluation de la qualité des données et comment s'y prendre ?

Consensus difficile autour des standards de qualité

Selon le rapport d'un travail publié en 2012, Martin Goulet procéda par la hiérarchisation des dimensions de qualité des données. Il est intéressant de constater que Goulet ne s'intéressa pas spécifiquement aux données de performance des projets de développement. Sa perspective sur la qualité des données était plus large. En effet, le marketing ainsi que le secteur commercial ont vivement besoin des données de qualité pour la prise de décisions.

Si au début de l'histoire de la mise en œuvre des projets de développement, les bailleurs se satisfont des données chiffrées produites par les financiers, très vite l'on a réalisé qu'un projet est foncièrement et, par essence, une entreprise qui appelle à plus de redevabilité. Une redevabilité qui devait désormais aller au-delà de la simple utilisation des fonds via un *« burn rate »* ou taux d'utilisation des fonds à des fins de réalisation des activités prévues dans le plan d'activité du projet. Les projets se sont mis à collecter non seulement les informations liées à l'utilisation de l'argent – financières mais également les données sur le programme notamment sur les extrants, les effets ainsi que les impacts du projet. Il se posa, très rapidement, le problème de la qualité des données. On ne peut pas évoquer la qualité sans soulever les aspects liés aux critères de qualité.

Pour mieux comprendre si oui ou non il existe un consensus autour des standards de qualité des données, il nous a paru nécessaire de procéder comme suit : identifier les standards de qualité des données déjà repris dans la littérature tels que compilés par Goulet d'abord (jusqu'en 2012) et ensuite ceux signalés par la suite par différentes organisations bilatérales et/ou multilatérales. Par la suite, nous nous sommes intéressés au contenu des standards dont les fréquences sont les plus élevées dans cette littérature.

Il convient de prime abord de souligner le fait que la littérature autour de la qualité des données aussi bien en anglais qu'en français n'est pas très prolifique. C'est ainsi que le travail de Goulet a vite attiré notre attention. Déjà en 2012, Goulet fait état de cinq dimensions ou standards de qualité ci-après :

1) actualisation et disponibilité ;

2) perception, pertinence et confiance ;

3) exhaustivité ;

4) cohérence et synchronisation ;

et 5) précision. En accord avec Goulet, nous avons retenu que ces 5 dimensions étaient les plus en vogue dans la littérature jusqu'en 2012. Nous irons jusqu'à approcher d'autres publications se réclamant de différents auteurs notamment le gouvernement américain (via l'Agence américaine de développement USAID, 2008) ; le gouvernement canadien (Institut national de la statistique) ; les Nations Unies (via l'Organisation mondiale de la santé, 2008). Pour des raisons d'actualité, nous avons estimé utile de ne garder que les dimensions publiées après 2012 c'est-à-dire après le travail de Goulet. Ci-après le tableau qui reprend les fréquences de différentes dimensions d'apparitions de qualité des données dans la littérature.

Dimensions	Martin Goulet, 2012	OCDE (2018)	CANADA (2019)	Fréquence
Accessibilité		X	X	2
Actualité	X	X	X	3
Clarté			X	1
Cohérence	X		X	2
Comparabilité			X	1
Confiance	X			1
Crédibilité		X		1
Exactitude		X	X	2
Exhaustivité	X			1
Fiabilité			X	1
Intelligibilité			X	1

Perception	X			1
Pertinence	X	X	X	3
Ponctualité	X		X	2
Précision	X			1
Synchronisation	X			1
Total				24

Tableau n° 2 : Fréquences des apparitions des dimensions de la qualité des données dans la littérature.
Source : auteur d'après les recherches sur Google.

Voilà qui nous amène au graphique ci-après :

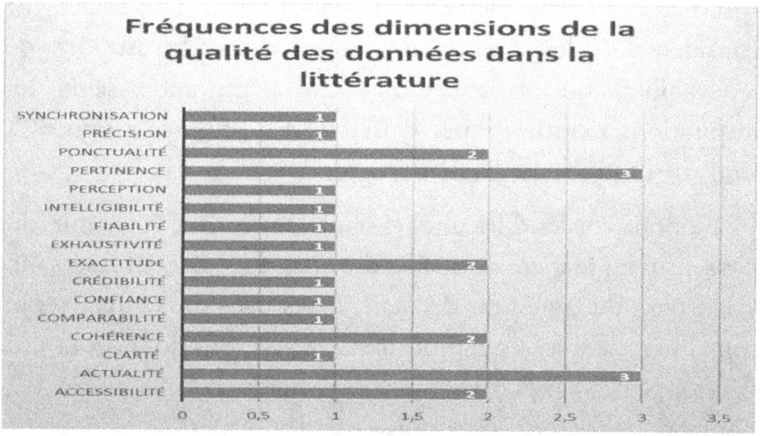

Graphique n° 1 : Fréquences d'apparitions des dimensions de la qualité des données dans la littérature (entre 2012 et 2020).

Il apparaît clairement que les dimensions les plus citées dans la littérature (deux fois et plus) sont les suivantes : ponctualité, exactitude, cohérence, accessibilité, pertinence et actualité. Le fait de bénéficier d'un niveau élevé d'apparitions dans la littérature ne veut nullement signifier que ces dimensions font le consensus de leurs auteurs. En effet, il convient de remarquer pertinemment qu'une dimension peut avoir été citée pour son aspect opérationnel ou théorique. En outre, nous rappelle Goulet, il existe également des auteurs qui ont publié des articles et des livres portant sur certains aspects liés à cette qualité. Notons, entre autres, les documents de l'ICIS (Institut canadien d'information sur la santé), l'IMF (*International Monetary Fund*), l'ICES (*Institute for Clinical Evaluative Sciences*) et l'EPA (*United States Environmental Protection Agency*)[11]. Cette approche répond plus aux préoccupations d'ordre pratique qu'opérationnel étant donné que la qualité de données attendues diffère selon qu'on est dans la manufacture ou le commerce ; l'environnement ou l'éducation. Il faut également considérer ici les attentes des constituants (Institutions de redevabilité) qui varient d'un pays à un autre selon les inspirations démocratiques ainsi que les priorités assignées à l'aide de chaque pays bailleur.

Nonobstant les difficultés ci-haut dressées sur le chemin du consensus en matière de qualité des données, les institutions qui s'occupent de la gestion des statistiques dans différents pays se sont intéressées à la question de la qualité des données et ont développé des lignes directrices ou principes liés à la qualité des données. Revenons ci-dessous sur les lignes directrices de l'OCDE (qui a réussi ces dernières années à réunir le consensus sur plusieurs thématiques notamment les critères d'évaluation des projets), du Canada, des États-Unis (via l'Agence américaine de développement) et des Nations Unies (via l'Organisation mondiale de la Santé).

---

[11] Martin Goulet : *Hiérarchiser les dimensions de la qualité des données : analyse comparative entre la littérature et les praticiens en technologies de l'information* ; Longueuil, Québec, Canada, février 2012, p. 16.

Pour le Canada[12], la qualité des données produites est définie au moyen des six dimensions de la qualité : la pertinence, l'exactitude, l'actualité, l'accessibilité, l'intelligibilité et la cohérence. Ces six dimensions sont abordées dans le cadre d'Assurance de la Qualité de façon à décrire ce que les producteurs de statistiques officielles doivent faire pour assurer la qualité à l'échelle de leur institution. Ces dimensions sont définies comme suit :

- *Pertinence* : la mesure dans laquelle les besoins réels des utilisateurs sont satisfaits. Pour être qualifiées de pertinentes, les données doivent éclairer les utilisateurs sur les questions les plus importantes à leurs yeux.

- *Actualité* : le délai entre le point de référence (ou la fin de la période de référence) auquel se rapportent l'information et la date à laquelle les données sont disponibles. La ponctualité, quant à elle, se définit comme la différence entre le moment planifié pour sa disponibilité et sa disponibilité réelle.

- *Exactitude* : Par « exactitude des données statistiques », on entend la mesure dans laquelle l'information décrit correctement le phénomène qu'elle doit mesurer. L'exactitude est habituellement caractérisée en fonction de l'erreur dans les estimations statistiques et elle est traditionnellement décomposée en biais (erreur systématique) et en variance (erreur aléatoire). On peut aussi la définir par rapport aux sources principales d'erreurs susceptibles de mener à des données imprécises (par exemple, la couverture, l'échantillonnage, la non-réponse). Liée à la notion d'exactitude, la fiabilité correspond à la mesure dans laquelle l'information statistique

[12] Statistique Canada : *Lignes directrices concernant la qualité.* Sixième édition, décembre 2019.

décrit correctement, et uniformément dans le temps, le phénomène qu'elle doit servir à mesurer.

- *Accessibilité* : par « accessibilité et clarté des données statistiques », on entend la facilité avec laquelle les utilisateurs peuvent connaître l'existence de l'information (incluant les métadonnées), la localiser, la visualiser et l'importer dans leur propre environnement de travail. Il s'agit également du caractère approprié de la présentation de l'information ou du média au moyen duquel on peut avoir accès aux données. Pour certains utilisateurs, le coût peut également être un aspect de l'accessibilité.

- *Intelligibilité* : la disponibilité de renseignements supplémentaires et de métadonnées nécessaires à l'interprétation et à l'utilisation appropriée des données. Il s'agit en général de renseignements sur les variables, les classifications et les concepts sous-jacents utilisés sur les méthodes de collecte et de traitement des données et sur les indicateurs de la qualité des données statistiques.

- *Cohérence* : par « cohérence et comparabilité des données statistiques », on entend la mesure dans laquelle celles-ci peuvent être jumelées et comparées à d'autres renseignements statistiques dans un vaste cadre analytique au fil du temps. L'utilisation de concepts, de classifications et de populations cibles-types favorise la cohérence, tout comme l'utilisation de méthodes d'enquêtes communes. Par « cohérence », on n'entend pas nécessairement la concordance numérique parfaite.

Quant à l'OCDE[13], la qualité des données est fondamentale pour la crédibilité des statistiques produites par l'OCDE en

---

[13] Guide de l'OCDE pour l'établissement de statistiques internationalement comparables dans le domaine de l'éducation © OCDE, 2018.

général et par sa Direction de l'éducation et des compétences en particulier.

La qualité se définit comme « l'adaptation aux besoins des utilisateurs ». Cette définition est plus large que celle proposée par le passé, lorsque la qualité était synonyme d'exactitude. Il est désormais communément admis que d'autres dimensions sont importantes.

L'OCDE envisage la qualité selon sept dimensions : la pertinence, l'exactitude, la crédibilité, l'actualité, l'accessibilité, l'interprétabilité et la cohérence. Enfin, la rentabilité est un facteur important, même si elle n'est pas à strictement parler une dimension de la qualité. La notion de rentabilité doit intervenir dans l'application de chacune de ces sept dimensions. Celles-ci se résument comme suit :

- La pertinence s'évalue à l'aune de l'activité des groupes d'utilisateurs et de leurs besoins, qui doivent donc être identifiés.
- L'exactitude est la mesure dans laquelle les données évaluent ou décrivent correctement les quantités ou les caractéristiques qu'elles sont censées mesurer.
- La crédibilité se rapporte à la confiance que les utilisateurs accordent aux produits de données simplement à partir de l'idée qu'ils se font de celui qui les élabore, autrement dit l'image de marque. La crédibilité dépend en partie de l'intégrité du processus de production. Le deuxième des Principes fondamentaux de la statistique officielle des Nations Unies (UNESCO, 1994) précise : « Pour que se maintienne la confiance dans l'information statistique officielle, les organismes responsables de la statistique doivent déterminer, en fonction de considérations purement professionnelles, notamment de principes scientifiques et de règles déontologiques, les méthodes

et les procédures de collecte, de traitement, de stockage et de présentation des données statistiques. »

- L'actualité reflète le délai écoulé entre la mise à disposition des données et le moment auquel s'est produit la manifestation ou le phénomène décrit. La notion d'actualité est évaluée au regard de la durée pendant laquelle l'information présente un intérêt et permet de donner une suite.

- L'accessibilité reflète la facilité avec laquelle il est possible de repérer les produits de données au sein des différents services de l'OCDE et d'y accéder.

- L'interprétabilité reflète la facilité avec laquelle les utilisateurs peuvent comprendre, utiliser et analyser correctement les données. L'adéquation de la définition des concepts, des populations cibles, des variables et de la terminologie qui sous-tendent les données et la description des éventuelles limites des données déterminent largement le degré d'interprétabilité.

- La cohérence reflète les interrelations logiques entre les données et leur cohérence mutuelle. – La cohérence interne des ensembles de données implique que les éléments de données se basent sur des concepts, définitions et classifications compatibles qui peuvent être utilement combinés. Ainsi, il y a des incohérences dans un ensemble de données si deux parties de la même équation, par exemple, les entrées et les sorties, ne concordent pas.

– La cohérence entre les ensembles de données implique que les données se basent sur des concepts, définitions et classifications communs et que toute différence soit expliquée et puisse se justifier.

– La cohérence dans le temps implique que les données se basent sur des concepts, définitions et méthodes stables dans le temps et que toute différence soit expliquée et puisse se justifier. L'incohérence dans le temps renvoie à des ruptures dans les séries de données à cause de changements apportés aux concepts, définitions ou méthodes.

– La cohérence internationale implique que les données se basent sur des concepts, définitions, classifications et méthodes communs et que toute différence soit expliquée et puisse se justifier.

- La rentabilité est le rapport entre les coûts et la charge de travail des fournisseurs de données et le résultat. La charge de travail est supportée par les fournisseurs de données, mais elle a un coût. L'OCDE ne considère pas la rentabilité comme une dimension de la qualité, mais c'est un facteur qui doit être pris en considération dans toute analyse de la qualité, car il peut affecter la qualité dans toutes ses dimensions.

Il convient de souligner également ici le fait que, jetant une lueur d'espoir sur la possibilité d'un consensus sur les dimensions de la qualité des données, le Fonds mondial de lutte contre le sida, la tuberculose et le paludisme, le Bureau du coordonnateur de la lutte contre le sida dans le monde, l'USAID, l'OMS et MEASURE se sont ligués pour produire les lignes directives d'audit afin d'évaluer l'aptitude d'un programme/projet à faire état de la qualité des données[14]. Il en est résulté les dimensions ci-après : l'EQD est fondée sur les composantes de la qualité des données, à savoir que les

---

[14] « Fonds mondial de lutte contre le sida, la tuberculose et le paludisme », Bureau du coordonnateur de la lutte contre le sida dans le monde, USAID, OMS et MEASURE Évaluation. 2007. *Data Quality Assessment Tool* (Volume 1). *Guidelines for Implementation: Audit Guidelines for Assessing a Program/Project's Ability to Report on Quality Data* [Outil d'évaluation de la qualité des données] (volume 1).

programmes et projets ont besoin de rapports de données exacts, fiables, précis, complets et opportuns que les gestionnaires peuvent utiliser pour affecter de manière efficace les ressources disponibles et évaluer le progrès fait dans le sens de l'atteinte des objectifs fixés. Enfin, les données doivent être assez intègres pour être considérées comme crédibles et doivent être produites en respectant les normes de confidentialité.

- Exactitude : aussi appelée validité, les données exactes sont considérées comme étant correctes. Les données mesurent ce qu'elles doivent mesurer. Des données exactes minimisent les erreurs (par exemple, parti pris de l'enregistrement ou de la personne qui conduit l'interview, erreur de transcription, erreur d'échantillonnage) au point de les rendre négligeables.

- Fiabilité : les données générées par le système d'information d'un programme sont basées sur des protocoles et procédures qui ne changent pas en fonction de la personne qui les utilise, du moment et de la fréquence de leur utilisation. Les données sont fiables parce qu'elles sont mesurées et collectées de manière cohérente.

- Précision : les données sont assez détaillées. Par exemple, un indicateur requiert la connaissance du nombre d'individus qui ont reçu de l'assistance et des analyses du VIH et reçu les résultats de leurs tests, selon le sexe de la personne. Un système d'information manque de précision s'il n'a pas été conçu pour enregistrer le sexe de l'individu qui a reçu l'assistance et les analyses.

- Exhaustivité : signifie qu'un système d'information duquel on tire les résultats est inclusif de manière appropriée. Il représente la liste exhaustive des personnes ou unités éligibles et pas juste une fraction de la liste.

• Opportunité : des données sont dites opportunes quand elles sont à jour (actuelles), et quand l'information est disponible à temps. L'opportunité est affectée par :

(1) le rythme auquel le système d'information du programme est mis à jour ;

(2) le rythme de changement des activités réelles du programme ;

et (3) quand l'information est réellement utilisée ou requise.

• Intégrité : les données sont intègres quand le système utilisé pour les générer est protégé de tout parti pris ou manipulation délibérés pour des raisons politiques ou personnelles.

• Confidentialité : signifie que les clients sont assurés que leurs données seront conservées en conformité avec les normes nationales et/ou internationales en matière de données. Cela signifie que les données personnelles ne sont pas divulguées et que les données contenues sur des supports papier et électroniques sont traitées avec un niveau de sécurité approprié (par exemple, gardés dans des armoires fermées et des fichiers protégés par des mots de passe).

Abondant dans le même sens, l'OMS reprend sept dimensions à savoir l'exactitude, la fiabilité, l'exhaustivité, le caractère opportun, la précision, l'intégrité et la confidentialité. Elle définit ces dimensions comme suit :

• *Exactitude* : des données exactes contiennent des erreurs et une partialité minimale. L'exactitude est également appelée validité. Par exemple, l'exactitude peut être compromise à cause d'erreurs de transcription qui peuvent se produire si les données sont mal saisies dans le système. Il s'agit généralement d'erreurs accidentelles qui peuvent survenir quand on enregistre des informations de façon inexacte ou quand on saisit incorrectement des informations dans une base de données informatique. L'exactitude peut également être affectée par des données qui ne sont pas exhaustives, opportunes ou précises. Elle peut aussi être directement altérée par une manipulation effectuée pour d'autres raisons.

- *Fiabilité :* les données sont fiables lorsqu'elles sont mesurées et collectées. Systématiquement et dans la durée, la fiabilité des données dépend de la disponibilité d'un système d'information doté de protocoles et de procédures cohérents.

Pour être fiables, les données exigent des consignes normalisées et écrites sur leur collecte. Les procédures de collecte de données d'un programme ne doivent pas changer selon qui les utilise, quel site les utilise, quand elles sont utilisées ou à quelle fréquence.

En outre, les procédures visant à rectifier les erreurs de données ou à résoudre des problèmes de données manquantes ou non exhaustives doivent être cohérentes entre les différents sites et périodes.

- *Exhaustivité* : par exhaustivité, on entend qu'un système d'information capture tous les individus, services, sites ou autres unités éligibles qu'il est censé mesurer. Les données qui en découlent devraient représenter la liste exhaustive des personnes, services, sites et autres unités et non simplement faire partie de la liste. L'exhaustivité est influencée par :

➢ La mesure dans laquelle les documents sources comportent toutes les informations pertinentes et nécessaires pour la préparation des rapports ;

➢ La mesure dans laquelle tous les sites ont communiqué les informations à des échelons supérieurs pour qu'elles soient agrégées ;

➢ Le caractère opportun de la transmission des rapports à des échelons supérieurs d'agrégation des données. Par exemple, les données d'un site du programme ne seront pas exhaustives si elles ne comprennent pas d'informations sur tous les clients desservis, tous les services fournis au client ou toutes les activités entreprises. Les données agrégées d'un programme ne seront pas exhaustives si les données de seulement 90 sites sur 100 sont rendues disponibles.

• *Précision* : les données sont suffisamment détaillées pour mesurer les indicateurs conformément à la définition de ces derniers. Par exemple, un indicateur souhaité pourrait exiger le nombre de personnes ayant effectué un dépistage du VIH, ventilé par sexe. Le système d'information manque de précision s'il n'est pas conçu pour enregistrer le sexe de la personne qui a reçu les services de dépistage. Lorsque les données sont plus détaillées, elles sont plus précises, ce qui influe de manière positive sur la qualité de représentation adéquate des activités du programme par les données. La précision contribue également à répondre aux questions qui importent aux directeurs de programme, aux directeurs régionaux ainsi qu'aux unités nationales et internationales (le cas échéant). Ceci suppose que les formulaires de recueil de données soient conçus pour collecter des données précises et que le niveau approprié de détail soit communiqué aux échelons supérieurs.

• *Caractère opportun* : les données sont opportunes lorsqu'elles sont transmises à l'échelon immédiatement supérieur à temps pour respecter les délais de soumission des rapports. « À temps » sous-entend que les données communiquées ont pu être employées dans le rapport de synthèse préparé par l'échelon de déclaration immédiatement supérieur. Par exemple, les déclarations des sites de service doivent être remises à l'échelon intermédiaire le 15 du mois pour le mois précédent, et le rapport de l'échelon intermédiaire est dû à l'unité S & E le 20 du mois, puis cette dernière prépare son rapport d'ici la fin du mois. Chacun de ces délais doit être respecté pour que les données soient opportunes.

- *Intégrité :* les données sont intègres quand le système d'information est protégé contre tout parti pris ou manipulation délibérés à des fins politiques ou personnelles. Un examen indépendant des données peut contribuer à déterminer si l'intégrité des données a pu être compromise. Le fait de savoir que les données subiront un contrôle indépendant est susceptible de dissuader une manipulation des données.

- *Confidentialité* : les clients ont l'assurance que leurs données seront conservées conformément aux normes nationales et/ou internationales. Ainsi, les informations personnelles ne sont pas divulguées de façon inappropriée et les données papier et électroniques sont traitées à des niveaux de sécurité adéquats. Un autre aspect important consiste à former le personnel à respecter les informations confidentielles et ne pas les communiquer à d'autres clients. Ces mesures protègent la vie privée des clients desservis.

De ces différents corps de principes et autres directives sur la qualité des données, il se dégage les conclusions ci-après :

- Les dimensions liées à la qualité des données semblent se rapprocher du point de vue de l'intitulé des dimensions ;

- Les contenus des définitions de mêmes dimensions dans les différentes organisations ou institutions statistiques semblent s'éloigner selon les intérêts de type aussi bien opérationnel que théorique. Ce qui fait qu'au sein d'un même pays, les dimensions de qualité n'auront pas la même pertinence pour ressortir la qualité souhaitée par les parties prenantes. Ainsi, par exemple, les dimensions de qualité de données utiles pour rapporter les performances dans le secteur de l'éducation ne seront pas toujours significatives pour le secteur de l'environnement et vice versa. Vouloir imposer les mêmes standards pour tous les secteurs d'une même agence de développement pourrait s'avérer impertinent si l'on s'en tient à la qualité des données au sens strict ou du moins dans le sens où les utilisateurs des données l'entendent ;

- La fréquence d'apparition de certaines dimensions souligne, néanmoins, la tendance recherchée par les différentes institutions de gestion de la qualité des données. Tout porte à croire qu'il existe la substance autour de laquelle se réunissent les valeurs centrales alors que les subjectivités continuent à dominer les aspects opérationnels.

Méthodologies d'évaluation de la qualité des données

Après avoir parcouru la littérature notamment sur le contenu de différentes dimensions de la qualité des données, on est en droit de se poser de sérieuses questions quant à la méthodologie d'évaluation de la qualité des données. Y a-t-il une seule approche d'évaluation de la qualité des données ? Bien plus, dans quelle mesure la qualité des données peut-elle être comparable ?

S'agissant de la comparabilité de la qualité des données, force est de reconnaître que la substance de chaque dimension de qualité des données étant à géométrie variable, c'est-à-dire variant d'un secteur à un autre ou d'un bailleur à un autre, il sera difficile de comparer les progrès réalisés en termes d'amélioration de qualité des données. Malgré les apparences, il sera toujours convenable d'éviter toute comparaison en matière de qualité des données d'un bailleur à un autre ou d'un secteur d'activité à un autre. Ainsi, pour l'Agence américaine environnementale (EPA), « *l'évaluation de la qualité des données a seulement un sens lorsqu'il se rapporte à l'utilisation visée par les données*[15] ». Autrement dit, d'une part, la qualité des données ne peut pas être utilisée dans un but de comparaison dès lors que les utilisations des données produites par les projets de développement seront rarement identiques. D'autre part, il apparaît clairement ici que la qualité des données ne peut être comparée qu'au sein d'une même agence de développement.

Toute comparaison à large spectre ne pourrait être facilitée qu'à une double condition :

- Il faut qu'il y ait un large consensus parmi les acteurs au développement en termes de contenu de chaque dimension de qualité des données ;

- Il faudrait davantage clarifier le contenu de chaque dimension par secteur d'activité même au sein d'une même agence de développement ou agence bailleresse.

Cela dit, il va quasiment de soi qu'il y ait plusieurs méthodologies d'évaluation de qualité des données suivant le nombre d'agences de développement. Cependant, dans la pratique, ces méthodologies d'évaluation de la qualité des données se réduiront à trois principales approches à savoir :

---

[15] United States Environmental Protection Agency: *"Data quality assessment: statistical methods for practitioners, EPA QA/G-9S"*, Office of Environmental Information, Washington DC 20460, February 2006.

méthode qualitative, méthode quantitative et méthode mixte combinant les deux précédentes.

Méthode qualitative

Elle part de l'idée selon laquelle pour mieux comprendre les écarts aux standards de qualité, il faut discuter en profondeur avec les acteurs impliqués à différents niveaux de collecte des données, et partant bien sûr, des sources principales de collecte des données pour chaque indicateur.

Elle seule, cette approche méthodologique présuppose une meilleure connaissance du projet ou du programme générateur des données. Ainsi donc, l'évaluateur devra s'imprégner des documents de base du projet notamment le contrat ou accord de mise en œuvre ; le plan de suivi et évaluation du projet ; les différents rapports annuels de mise en œuvre ainsi que le dernier rapport d'évaluation de la qualité des données. Il devrait s'entretenir avec les responsables centraux du projet ou programme notamment le chef de projet ainsi que le responsable de suivi et évaluation. De ces interactions, l'évaluateur visera à mieux cerner les sources des données pour chaque indicateur dont les données doivent être soumises à l'évaluation de la qualité des données ainsi que les points de responsabilités dans la collecte et la remontée des données.

Méthode quantitative

Cette approche suppose également la meilleure connaissance du projet qui génère les données. Elle comporte le réassemblage de toutes les informations utiles sur le projet ou le programme notamment la lecture du contrat ou de l'accord de mise en œuvre du projet ; des rapports d'activité ainsi que du dernier rapport d'évaluation de qualité des données.

Cette approche est quantitative par le fait qu'elle fait recours aux outils statistiques dans l'analyse des données. Ses étapes essentielles peuvent se résumer comme suit[16] :

1) Revue des objectifs du projet ainsi que du plan d'échantillonnage ;

2) Revue préliminaire des données ;

3) Choix d'une méthode statistique ;

4) Vérification des hypothèses de la méthode statistique ;

5) Tirage des conclusions sur base des données.

Cette approche est fortement encouragée lorsque les données sont très nombreuses et l'analyse requiert de garder une vision d'ensemble. Du fait de son recours aux chiffres, cette approche semble plus objective dans sa démarche, et partant, convainc plus facilement son audience.

Méthode mixte

Cette approche combine à la fois les avantages ci-haut relevés des méthodes qualitative et quantitative. Elle combine à la fois la discussion approfondie avec les parties prenantes ainsi que le recours aux outils statistiques.

Cette approche permet de ressortir les écarts éventuels par rapport à la qualité mais également la mesure exacte de ceux-ci.

[16] EPA : "*Data quality assessment: statistical methods for practitioners. EPA QA/G-9S, Office of Environmental Information*", Washington DC 20460, February 2006, p. 2.

Ce qui permet d'apprécier l'opportunité des mesures correctives ainsi que le mesurage des efforts d'amélioration de la qualité.

Démarche d'évaluation de la qualité des données

C'est une pratique courante au sein de la communauté des bailleurs au développement qui consiste à mettre au défi la qualité des données transmises par les agences de mise en œuvre en confrontant les données reçues aux critères spécifiques d'évaluation de la qualité des données.

Déjà au niveau d'un même pays, des agences gouvernementales peuvent adopter des postures différentes concernant la qualité des données.

Pour l'Agence américaine de protection environnementale, *l'évaluation de la qualité des données constitue une évaluation scientifique et statistique des données environnementales visant à déterminer si celles-ci atteignent les objectifs établis lors de la planification du projet et donc sont de la meilleure nature, qualité et quantité pouvant soutenir l'utilisation qu'on en fait*[17].

Quant à l'Agence américaine de développement international (USAID), l'évaluation de la qualité des données consiste à confronter les données d'un indicateur avec les standards de qualité que sont la validité, l'intégrité, la précision, la confiance et la ponctualité.

Chaque critère dispose d'un contenu propre. Ainsi, la validité fait référence à une caractéristique de la mesure. Un outil valide est celui qui mesure ce que le projet désire mesurer. Par exemple, mètres carrés et non litres ; hectares et non acres ; groupes des fermiers et non ménages, etc. Ici, la question importante est

---

[17] EPA, *op. cit.*, p. 1.

celle-ci : est-ce que le partenaire de mise en œuvre mesure ce qu'il veut réellement mesurer ? D'autres questions à se poser comprennent : y a-t-il une relation entre l'activité ou le programme et ce que le partenaire mesure ? Quel est le processus de transcription des données ? Y a-t-il des erreurs possibles ? Les décisions sont-elles prises pour limiter l'erreur de transcription (exemple : double clé pour les grandes enquêtes, vérification des validations ; contrôles intempestifs) ? S'il y a des erreurs des données, qu'est-ce que les partenaires de mise en œuvre font avec l'information ? Si les données brutes doivent être manipulées, est-ce que les formules correctes sont utilisées et sont-elles utilisées de façon cohérente d'un site à l'autre et à travers le temps ? Qu'est-ce que les partenaires de mise en œuvre font s'ils disposent d'une série de données manquantes ou simplement incomplètes ? Est-ce que les sommations totales sont rapportées correctement ? (exemple : est-ce que les totaux s'ajoutent correctement ?). En règle générale, les menaces sur la validité comprennent les questions liées aux définitions – opérationnalisation des concepts/variables ; les mesures proxy en lieu et place des mesures directes (exemple : dépense comme proxy du concept revenu) ; les sources des données (crédibilité des sources des données).

La fiabilité, pour sa part dans l'Agence américaine, fait référence à une caractéristique de mesurage liée à la cohérence. Elle renvoie à la question de savoir : est-ce que les partenaires de mise en œuvre mesurent de façon cohérente ce qu'ils ont l'intention de mesurer ? D'autres questions comprennent : est-ce que le même instrument est utilisé d'année en année et d'un site à l'autre pour mesurer le progrès ? Est-ce que le même processus de collecte des données est utilisé d'une année à l'autre et d'un site à l'autre ? Y a-t-il des procédures en place pour s'assurer que les données ne sont pas entachées d'erreurs et que le biais ne s'est pas incrusté ? (exemple : instructions aux agents de collecte des données, les références officielles de l'indicateur, la formation, etc.). Les menaces sur la fiabilité (personnel, temps et lieu) peuvent se situer au niveau des méthodologies de collecte ; des instruments de collecte ; des cadres d'échantillonnage ; des questions de personnel ; des méthodes d'analyse et de manipulation.

S'agissant de l'opportunité, elle mesure la relation entre la période de collecte des données, la compilation et le rapportage à la pertinence des données pour les processus de prise de décision. La question à se poser est celle-ci : est-ce que les données demeurent pertinentes et importantes lorsqu'elles sont rapportées et utilisées ? D'autres questions importantes à se poser sont : est-ce que les données sont fréquemment disponibles pour pouvoir informer les décisions de l'équipe de gestion ? Y a-t-il un programme régulier en place pour satisfaire aux besoins de gestion du programme ? Est-ce que les données correspondent à la période d'intérêt (en d'autres mots est-ce que les données correspondent à une période de temps après le début de la mise en œuvre du programme ?) Est-ce que les données sont reportées le plus tôt possible après la collecte ? Les menaces se rapportant sur l'opportunité comprennent les fréquences de collecte (journalière, mensuelle, trimestrielle, annuelle) ; les fréquences de rapportage ou dépendance temporelle.

Pour l'Agence américaine de développement, la précision renvoie à la précision (mesure du biais) ou à l'absence d'erreur. Parmi les questions pertinentes à se poser on peut noter : est-ce que la marge d'erreur dans les données est moindre comparé au changement souhaité par le projet (5 %, 10 %, etc.) ? La précision peut être relative au niveau de détails dans la collecte des données c.-à-d. niveau de désagrégation. Parmi les questions pertinentes à se poser concernant la précision on peut noter : est-ce que la marge d'erreur est inférieure au changement souhaité ? Est-ce que les marges d'erreur sont acceptables pour la prise de décision managériale ? Y a-t-il des questions autour de la précision qui ont été rapportées ? Est-ce que l'amélioration de la précision serait plus coûteuse que l'augmentation de la valeur ajoutée de l'information ? Les menaces sur la précision comprennent : erreur de source ou biais ; l'erreur d'instrument ; l'erreur d'échantillonnage ; l'erreur de transcription ou l'erreur de manipulation.

Enfin, l'intégrité renvoie à la mesure de la « sincérité » des données. Les questions à se poser sont : est-ce que les données ne sont pas entachées de mensonges introduits par les moyens humains ou techniques soit volontairement ou involontairement ? Les autres questions importantes à se poser sont : y a-t-il des risques liés à la manipulation pour des raisons personnelles ou politiques ?

Quels sont les systèmes mis en place pour minimiser de tels risques ? Y a-t-il eu une évaluation indépendante ? Les menaces sur l'intégrité peuvent se résumer (tentation, temps, technologie) en termes de corruption intentionnelle ou non intentionnelle ; manipulations personnelles ; échecs technologiques ou absence d'audit de vérification et de validation.

CHAPITRE III.

Quelle différence entre évaluation, audit et vérification de la qualité des données ?

Les concepts évaluation, audit et vérification de la qualité des données sont souvent utilisés indifféremment rendant la saisie de la quintessence de chaque concept du coup très difficile. En insistant sur les détails qui séparent les trois concepts, les sites internet sawakinome.com et conjonctly.com (qui citent d'autres références crédibles) permettent d'opérer un premier distinguo du point de vue de la définition, du type et des méthodologies et stratégies de mise en œuvre.

Sur le plan de la définition

Vérification et évaluation sont à la fois des moyens d'évaluer les processus, les produits et les paramètres alors que les audits et les évaluations se différencient notamment sur les raisons pour lesquelles ils sont diligentés ainsi que leurs méthodologies de réalisation.

- Une vérification est l'évaluation d'une personne, d'une organisation, d'un projet, d'un produit ou principalement dans le but de déterminer sa validité et son authenticité, ou de vérifier le respect d'un ensemble de processus prédéfinis.

- Un audit est la détermination du mérite en utilisant un ensemble de normes. Bien qu'il s'agisse d'une sorte d'évaluation, les audits sont principalement effectués pour les institutions financières afin de s'assurer qu'elles ne contiennent pas d'erreurs et d'erreurs, système. Auparavant, les audits constituaient un moyen important d'évaluer uniquement les systèmes financiers. Maintenant, ils sont également utilisés pour évaluer les risques de sécurité, la performance environnementale et autres systèmes.

- Une évaluation est une revue systématique de la valeur ou du mérite d'un objet.

Différences d'approches et de méthodologies

Les méthodes d'audit sont bien documentées et comprennent un certain nombre d'étapes bien planifiées. Il commence par l'étude et l'évaluation du contrôle interne d'un système comprenant à la fois des domaines comptable et administratif. L'étape suivante consiste à valider ou à tester les procédures et les enregistrements du système. Les méthodes incluent : footing (confirmation des totaux des chiffres dans les colonnes verticales) et cross footing (confirmation des totaux des figures dans des rangées horizontales), vérification (examen des enregistrements papier pour déterminer la précision des écritures dans le grand livre, etc.), rapprochement (comparaison et confirmation des données obtenues de deux registres différents ou enregistrements), menant à une analyse comptable, à une confirmation, à un balayage et à une révision, ainsi qu'à un examen physique et à un dénombrement, qui sont tous utilisés pour additionner, totaliser et vérifier les enregistrements définis. La stratégie et la méthodologie varient en fonction du projet et du domaine d'audit.

Il y a quatre principales stratégies **d'évaluation**. Ce sont des modèles scientifiques expérimentaux, des modèles de systèmes orientés gestion, des modèles qualitatifs/anthropologiques et des modèles orientés vers les participants. Les modèles scientifiques et expérimentaux mettent l'accent sur l'impartialité, la précision, l'objectivité et la validité des données générées. Les modèles orientés gestion constituent une méthode d'évaluation plus complète. Les modèles qualitatifs/anthropologiques mettent l'accent sur l'importance de l'observation pendant le processus d'évaluation. Les modèles axés sur les participants mettent en évidence les participants des utilisateurs du programme. Les méthodes d'évaluation dépendent grandement de l'exigence et de la question posée. Certaines des méthodologies utilisées sont les méthodes Delphi, l'analyse entrées-sorties, la cartographie de concepts, les enquêtes par sondage, la recherche qualitative et d'autres méthodes qualitatives et quantitatives.

Les méthodes de vérification des résultats d'un projet de développement s'inspirent abondamment de la démarche rigoureuse des méthodes de recherche en sciences sociales car elles visent à convaincre leurs commanditaires en vue d'établir si oui ou non les résultats présentés par le projet sont dignes de confiance. Les vérifications peuvent remonter les processus menant aux résultats énoncés comme également recourir à l'échantillonnage pour établir si oui ou non les résultats rapportés sont plausibles. Voilà pourquoi les vérifications sont souvent conduites par une tierce partie qui a le mérite souvent de n'avoir pas été associé de près ou de loin à la mise en œuvre des activités du projet. Les vérifications interviennent souvent lorsqu'il s'agit de vérifier comment les effets se sont convertis en impacts. Ce passage d'effets aux impacts peut être attribuable à plusieurs facteurs autres que le projet lui-même. Il s'agira alors pour le vérificateur de bien connaître le secteur d'activité du projet en vue de proposer des méthodes de vérification des effets qui soient les moins sujets au rejet. Dans la pratique, le vérificateur présentera sa méthodologie et peut même souligner les limites liées à celle-ci. De la solidité de la méthodologie de vérification dépendra la qualité des conclusions auxquelles le vérificateur pourrait aboutir. Ce qui est certain est que le vérificateur doit pouvoir scientifiquement convaincre. Ceci n'est pas facile surtout lorsque les intérêts financiers actuels d'un projet et futurs (des parties prenantes) sont en jeu. Au-delà de la qualité des données collectées, ce qui est plus important ici c'est la méthodologie qui amène le vérificateur à ses conclusions. L'Agence de mise en œuvre est souvent intéressée à s'attribuer les résultats rapportés et visibles sur le terrain tandis que le bailleur cherche à valider une approche de mise en œuvre en vue d'augmenter la mise ou pas pour une seconde phase de mise en œuvre du même projet.

Pourtant il existe différents types d'évaluation

Les audits sont principalement de deux types : qualité et intégration. **Audits qualité** : évaluer l'efficacité des systèmes de gestion et remplir les fonctions suivantes dans le cadre d'une certification : efficacité du système, capacité d'atteindre les niveaux cibles, efficacité d'éliminer ou de résoudre les problèmes/obstacles et visant l'amélioration du système. **Audits intégrés** ; les audits de sociétés cotées en Bourse sont effectués dans le cadre du PCAOB (*Public Accounting Company Oversight Board*). Selon cette information, parallèlement aux rapports financiers, le contrôle interne de la société est également évalué.

Une autre classification distingue l'audit en audits personnels, internes, externes, statuaires, non statuaires, sociaux, finaux et de performance.

- Personnel – audit interne pour évaluer les performances personnelles et les domaines de croissance ;
- Audit interne – audit interne à la société par une équipe désignée. Les normes des entreprises en matière de réglementation gouvernementale sont généralement suivies ;
- Externe – exécuté par un gouvernement ou un autre organisme conformément aux réglementations stipulées ;
- Statutaire – audit régi par une loi sur les sociétés ;
- Non statutaire – non requis par aucune loi ;
- Social – audit pour surveiller et vérifier les revendications de performance sociale des organisations ;
- Audit final des comptes annuels ;
- Performance – audit d'un système dans une organisation pour déterminer si les sources disponibles sont utilisées efficacement.

Il existe deux types principaux d'évaluation en fonction de l'objet et du but de l'évaluation : formative et sommative. **Évaluations formatives :** examiner la qualité et la mise en œuvre, et la livraison et évaluer le contexte organisationnel, les procédures, etc. Les **évaluations sommatives** sont plus axées sur l'examen du résultat d'un objet particulier, qui comprend l'évaluation de l'effet et des impacts de l'objet concerné sur le résultat, ainsi que l'estimation du coût qui y est associé.

S'agissant de la vérification, il existe autant de types de vérification qu'il existe des préoccupations liées à la gestion des projets. Ainsi, sans être objectifs, on peut distinguer :

– La vérification des processus de mise en œuvre ;

– La vérification de la rentabilité du projet ou l'efficience du projet ;

– La vérification de l'atteinte des résultats ou l'efficacité du projet.

Les trois concepts se rapprochent (ce sont toutes des évaluations) mais s'éloignent quant aux objectifs visés dans chaque cas et en conséquence, diffèrent du point des démarches conduisant à leur déploiement sur le terrain.

Chapitre IV.

Évaluation de la qualité des données

Les données d'un projet constituent aujourd'hui l'aspect crucial et central dans la mise en œuvre des projets de développement. Elles précèdent le projet dans le processus de planification et lui survivent après la mort de celui-ci. Chaque Agence de développement (les Nations Unies réalisent un effort important visant à standardiser les critères de qualité des données ou d'évaluations) dispose de ses propres critères d'évaluation de la qualité des données.

Il est vrai que les critères de qualité sont intimement liés à la prise de décision dans la gestion d'un projet/programme ainsi qu'à l'exigence de redevabilité du projet vis-à-vis des parties prenantes au projet que sont les bénéficiaires ; le gouvernement hôte ainsi que les autres membres de la communauté de développement.

Il y a donc nécessité de développer des critères ou d'adopter une démarche qui soit à la fois rigoureuse et imposable à tous lorsqu'il s'agit d'établir la qualité des données utilisables pour la prise de décision de gestion et pour la redevabilité. Pour être acceptable par tous, une telle démarche devrait être à la fois guidée par une approche mixte.

L'évaluation de la qualité des données est, comme toutes les autres formes d'évaluation, une démarche qui est guidée par des considérations parfois subjectives. D'où la question de savoir s'il existe des standards de qualité des évidences.

Normalement, l'évaluation de la qualité des indicateurs doit toujours précéder celle de la qualité des données. En effet, avant d'évaluer la qualité des données, il sied toujours de se poser la question de savoir si les indicateurs retenus comme contenants des données sont de bonne qualité. Car, en effet, un mauvais choix d'indicateur ne peut que conduire à une donnée de mauvaise qualité, voire carrément fausse ou simplement une donnée qui ne peut être utilisée pour la prise de décisions.

Par ailleurs, si l'indicateur est de mauvaise qualité ou son choix résulte d'une démarche rédhibitoire, alors l'on ne saurait même pas évaluer la qualité des données collectées ou à collecter. Voilà pourquoi l'évaluation de la qualité des données d'un projet nouvellement mis en œuvre doit d'abord s'appesantir sur l'examen détaillé du système de suivi et évaluation ; des procédures de collecte (analyse et publication des données) mises en place mais également de la qualité des indicateurs retenus pour collecter les données.

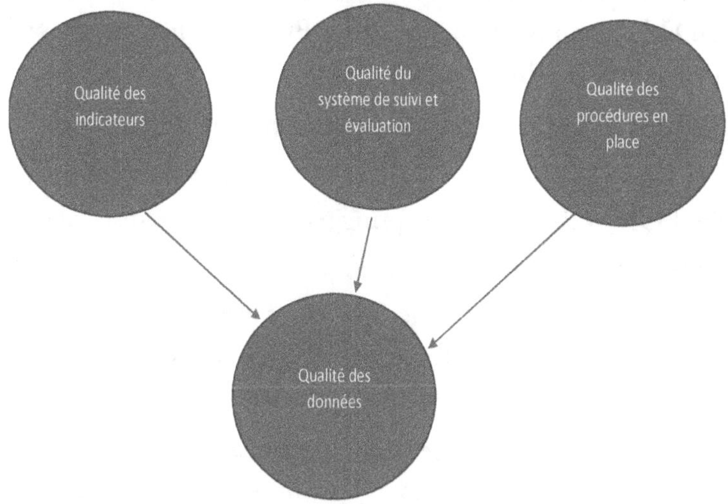

Figure n° 2 : quelques facteurs pouvant influencer la qualité des données.

La figure ci-dessus montre que la bonne qualité des données repose sur la qualité des indicateurs ; la qualité du système de suivi et évaluation ainsi que la qualité des procédures du système de suivi et évaluation en place. Pour examiner ces trois sous-systèmes, il convient d'adopter une méthode suffisamment robuste et convaincante pour que ses conclusions ne puissent être balayées par les premières critiques.

Nous présentons ici succinctement les deux approches les plus en vue à savoir l'approche qualitative et l'approche quantitative.

L'approche qualitative

Cette partie est conçue pour servir de ressource à la personne appelée à conduire une Évaluation de la qualité des données (EQD). Il commence par rappeler les principaux scénarii qui peuvent survenir lors de la conduite d'une EQD ; les critères d'EQD ; les grands moments d'une EQD et enfin les étapes détaillées de la conduite d'une EQD.

Scénarii possibles d'évaluation de la qualité des données

Plusieurs situations peuvent survenir lors de la conduite d'une EQD. Ci-dessous les principaux scénarii ainsi que la manière de les gérer :

Premier scénario : l'indicateur est rapporté par un seul mécanisme au sein de l'Agence de développement : deux situations demeurent plausibles notamment,

➢ *Le mécanisme dispose d'une seule source des données* : l'évaluateur des données devra revoir le système de flux d'informations de la source jusqu'à l'utilisateur final.

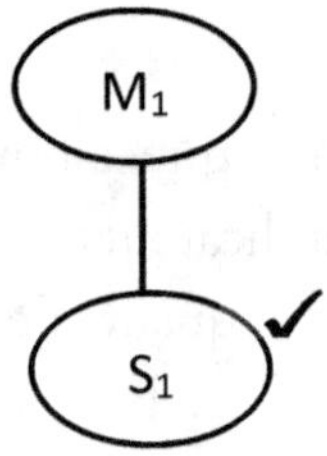

Fig. n° 3 : mécanisme disposant d'une seule source des données

➢ *L'unique mécanisme de mise en œuvre du projet dispose de deux ou de plusieurs sources* : l'évaluateur de la qualité des données devra revoir la source des données réputée la plus importante ou celle générant le gros des données centralisées. La source la plus importante est celle qui donne (au moins 51 % des données rapportées par le seul indicateur). Il peut même combiner deux sources qui, ensemble, totalisent au moins 51 % des données.

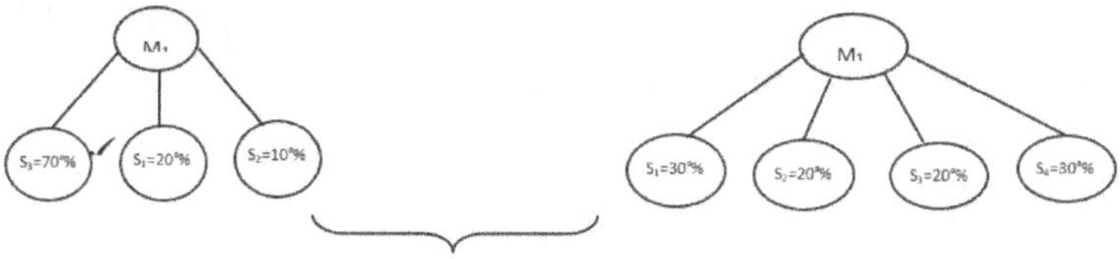

Fig. n° 4 : mécanisme disposant de deux ou plusieurs sources

Deuxième scénario : l'indicateur est rapporté par deux ou plusieurs mécanismes dans la mission : encore une fois, deux situations demeurent plausibles.

➢ *Chacun des mécanismes dispose d'une seule source* : l'évaluateur de la qualité des données devra revoir le système de flux d'informations en place en partant de la source de chaque mécanisme.

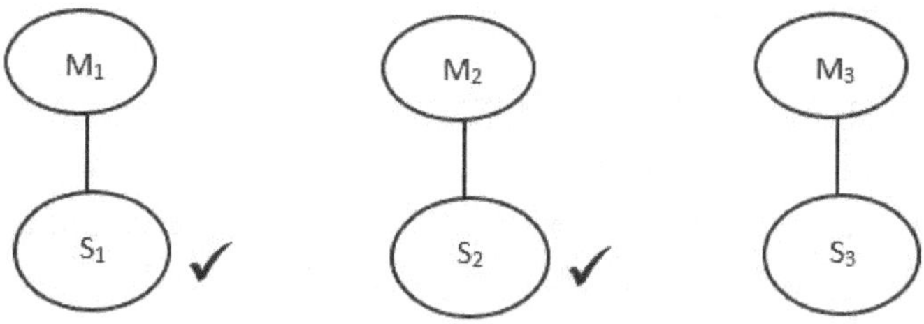

Fig. n° 5 : mécanisme disposant chacun d'une seule source

➢ *Chacun de ces mécanismes dispose de deux ou plusieurs sources* : c'est ici où il faut opérer un choix étant donné les contraintes logistiques traditionnelles. L'évaluateur de la qualité des données devra revoir le système de flux d'informations sous chaque mécanisme une fois la sélection de la source (ou des sources) a été opérée. Encore une fois la ou les sources à retenir devra (devront) être celle (ou celles) qui couvrent au moins 51 % des données rapportées à l'USAID.

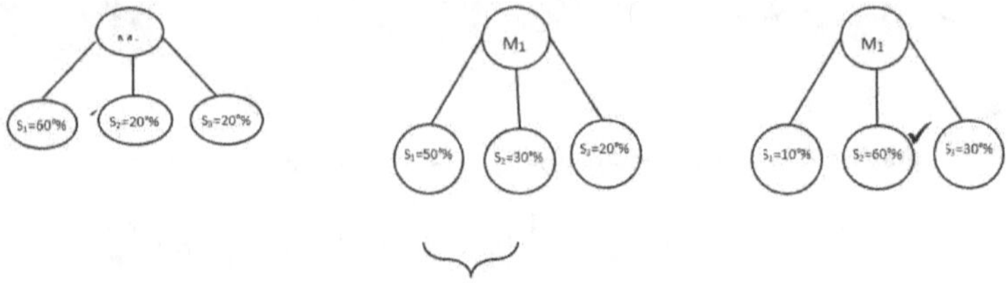

Fig. n° 6 : chaque mécanisme dispose d'au moins deux sources.

NB : La sélection des sources se fera au niveau du terrain plutôt qu'au niveau des mécanismes de mise en œuvre. Ainsi, chaque mécanisme aura la chance de subir l'évaluation de son système de suivi.

Moments importants de l'EQD

Moment 1 – Revue documentaire

- Gestion de performance de la mission ; les EQD antérieures ; les Plans de recherche, suivi et évaluation des activités ; les Références officielles des indicateurs (PIRS) ;
- Compléter sur l'onglet de la grille de l'EQD le nom de l'indicateur ainsi que l'information relative aux relations dans le cadre des résultats ;
- Prendre note sur les processus spécifiques de gestion des données sur l'onglet de la grille de l'EQD ;
- Prendre note pour chaque indicateur dans la première section de la liste de conformité de l'EQD appelée PIRS et Documentation ;
- Rapports ;

• Dresser un tableau avec les données rapportées sur l'onglet donné.

Moment 2 – Interview

Technique d'interview

• Poser chaque question en veillant à ce que les réponses soient étayées par des évidences ;

• Prendre note des réponses ainsi que des évidences présentées ;

• Revoir les évidences électroniques et celles sur papier dur lorsqu'il en existe.

ND – NON DISPONIBLE

1 – OUI

2 – NON

Liste de conformité – technique d'interview

• Procéder indicateur par indicateur ;

• La liste de conformité suit le flux des données de la source à l'utilisation des données ;

• Parcourir tout le flux des données pour chaque indicateur ;

• Prendre note des réponses fournies ainsi que des évidences présentées ;

• Vérifier les évidences électroniques ainsi que celles fournies en dur.

Dans la pratique, une évaluation de qualité des données peut suivre les étapes ci-après :

1. Identifier l'équipe d'EQD : Identifier une personne pour conduire le processus d'EQD pour la mission/l'équipe technique. Cette personne sera, selon les termes de l'ADS 201, le gestionnaire de l'USAID (AOR, COR ou AM). Le chef de l'équipe de l'EQD est responsable de mettre sur pied le processus et coordonner avec le Bureau des programmes.

2. Développer une approche globale et un calendrier : Le chef d'équipe doit partager les objectifs, les processus ainsi que le calendrier pour conduire l'EQD aux membres de l'équipe. Cette option est encouragée dans l'hypothèse où un expert en suivi et évaluation collabore étroitement avec une équipe de développement (DO team) pour évaluer la qualité des données. Ceci nécessite une participation active et encourage les gestionnaires à bien explorer et comprendre les forces et faiblesses des données ;

3. Identifier les indicateurs à évaluer : Il est important de compiler la liste des indicateurs candidats à l'EQD. Cette liste comprend tous les indicateurs dont la qualité des données a été évaluée il y a trois années ainsi que tout autre indicateur dont l'EQD est reconnue nécessaire pour le rapportage ;

4. Catégoriser les indicateurs : Avec l'introduction des indicateurs standards, le nombre des indicateurs pour lesquels les Missions rapportent a augmenté substantiellement. Voilà pourquoi il est important de mettre sur pied une approche pratique et rationnelle pour conduire les EQD. Une manière de le faire consiste à grouper les indicateurs en deux catégories, à savoir les indicateurs de résultats et les indicateurs d'activités ;

5. Interagir avec le Bureau des programmes : Le Bureau des programmes aura également à déterminer si une expertise externe est nécessaire. Les membres de l'équipe de développement (DO team) doivent faire partie de l'équipe de l'EQD ;

6. Revue documentaire : Il s'agit pour l'équipe d'EQD de rassembler l'information la plus pertinente notamment les rapports d'EQD antérieurs, le plan de suivi et évaluation ; les tableaux de suivi des indicateurs ainsi que les rapports trimestriels ;

7. Préparation de la réunion avec les partenaires : Les lettres de notification doivent être envoyées aux partenaires au moins deux semaines avant la descente sur le terrain et mettra à jour le questionnaire à utiliser auprès des informateurs clés ;

8. Prise de contact avec le bureau principal du partenaire : Cette étape peut être escamotée si le gestionnaire de l'USAID (COR, AOR ou AM) connaît parfaitement les sites de mise en œuvre ainsi que le système de flux des données mis en place par le partenaire. C'est à partir de cette réunion que l'équipe qui conduit l'EQD pourra apprécier le pourcentage de contribution de différentes sources des données et décider des sites qui pourront être visités. Enfin, l'équipe pourra également visiter le bureau d'agrégation/centralisation des données et s'informer sur les conditions dans lesquelles les données sont conservées au niveau du bureau principal du partenaire ;

9. Visite des sites de collecte des données : L'équipe qui conduit l'EQD devra explorer toute la chaîne allant de la collecte des données à l'utilisation de celles-ci ou transmission à l'USAID. Pour cette fin, elle s'entretiendra avec les bénéficiaires principaux ; les agents de collecte des données et leurs superviseurs ainsi que toute autre personne ou entité qui intervient dans le processus de collecte des données. Les points d'intérêt pendant la visite seront notamment le système mis en place pour collecter les données et les transmettre entre bureaux du partenaire ; les bases des données, ainsi que les méthodes d'analyse, etc. ;

10. Évaluation de l'activité : À l'issue de la descente sur le terrain, l'équipe de l'EQD procédera à une évaluation de la collecte des données en identifiant l'information manquante avant le début de l'analyse ;

11. Analyse des données : L'équipe de l'EQD devra comparer les données de chaque indicateur avec les critères de qualité des données en vue de compléter la liste de conformité. Cette analyse insistera sur la mise en œuvre des recommandations faites en 2014 (dernières évaluations de la qualité des données) ; les actions prises ; les succès et les échecs ;

12. Validation des constats : Au regard des constats, l'équipe préparera une liste des recommandations à l'USAID et aux partenaires. L'équipe d'EQD se réunira pour dégager un consensus autour des constats ;

13. Documentation et rapportage : sur la base des constats validés et des recommandations faites, le chef de l'équipe d'EQD fera un rapport dont les sections comprendront l'approche et la méthodologie utilisée ; les constats en termes de cinq critères de qualité ; la synthèse des recommandations pour améliorer la qualité des données et la liste de conformité dûment remplie pour chaque indicateur. Le rapport comprendra une évaluation des réponses aux recommandations faites dans la dernière EQD ;

14. Dissémination des résultats de l'EQD : selon les besoins, l'équipe d'EQD pourra organiser une présentation au sein de la mission pour partager les constats, les leçons apprises ainsi que les meilleures pratiques ;

15. Assurer le suivi des recommandations de l'EQD : ce suivi pourra se faire à travers les visites de sites suivant le rythme et la fréquence prévus par la mission.

Approche quantitative[18]

Ce paragraphe s'inspire abondamment du guide de l'EPA. Nous proposons ici une approche quantitative qui s'appuie sur les calculs de la statistique inférentielle pour tirer les conclusions qui s'imposent devant une masse des données appelée à subir l'évaluation de qualité des données. Il est clair que les données doivent être nombreuses (au moins 30 observations). L'idée consiste ici à visualiser les données de manière à pouvoir déceler les anomalies éventuelles. D'où le recours aux tests statistiques.

Cette approche d'évaluation de la qualité des données se décline en 5 bonnes étapes, à savoir :

1) La revue des objectifs de l'évaluation de la qualité des données et de l'élaboration du plan d'échantillonnage ;

2) L'évaluation préliminaire de la qualité des données ;

3) Le choix de la méthode statistique ;

4) La vérification des hypothèses de la méthode statistique ;

5) Le tirage des conclusions à partir des données.

La revue des objectifs de l'EQD et de l'élaboration du plan d'échantillonnage

Il s'agit de revoir les extrants de l'EQD, le plan d'échantillonnage et toute documentation des données pour raison de cohérence. Si les objectifs de l'EQD n'ont pas été élaborés, définir la méthode statistique et spécifier les limites tolérables sur les erreurs de décision. Parmi les activités à réaliser, il convient de noter la revue des objectifs de l'étude, la traduction des objectifs en hypothèses statistiques ; l'élaboration

[18] Office of Environmental Information, *Data quality assessment: statistical methods for practitioners EPA QA/G-9S*, February 2006, Washington DC, p. 5 à 20.

des limites des erreurs de décision et la revue du plan d'échantillonnage. Parmi les outils à considérer, il convient de signaler l'élaboration des hypothèses ainsi que les concepts du plan d'échantillonnage.

L'EQD commence par la revue de principaux extrants de la phase de planification du cycle de vie des données, notamment les objectifs de la qualité des données ; le plan du projet d'évaluation de la qualité des données et tout autre document associé. Les objectifs de l'étude donnent le contexte pour la compréhension de l'effort de la collecte des données et établissent la base qualitative et quantitative d'évaluation de la qualité des données selon l'utilisation attendue de celles-ci.

Il convient de souligner ici que les critères d'évaluation des données ne sont jamais pré-identifiés. Celles-ci dépendront toujours de l'utilisation qu'on se propose de faire des données.

Évaluation préliminaire des données

Le but visé est de générer les quantités statistiques et les représentations graphiques qui donnent une première description des données. Cette information est par la suite utilisée pour générer les connaissances sur la structure des données et identifier les caractéristiques ou toute possible relation statistique. Parmi les activités à déployer, on peut signaler la revue des rapports d'assurance qualité ; le calcul de quantités statistiques élémentaires, et présenter les graphiques des données.

Enfin, les outils à retenir ici sont les quantités statistiques ainsi que les représentations graphiques.

La revue des rapports d'assurance qualité permet de vérifier s'il existe des problèmes ou anomalies dans la mise en œuvre des procédures de collecte et d'analyse des données. Elle examine les critères de contrôle qualité des données pour information afin de vérifier les hypothèses qui soutiennent les objectifs de la qualité des données, le plan d'analyse et d'échantillonnage ainsi que les plans d'assurance qualité du projet.

Les quantités statistiques dont il est question ici seront le calcul des percentiles appropriés. Il s'agira aussi du choix des mesures de tendance centrale (la moyenne[19] aussi appelée le centre de gravité des données ou la médiane) et si les données contiennent deux variables, calculer le coefficient de corrélation. Celle-ci mesure le niveau d'association entre deux ou plusieurs de ces variables. Il sied de signaler ici que la corrélation entre deux variables ne signifie jamais une relation de cause à effet. L'analyste conclura qu'il y a une forte corrélation entre deux variables mais ne dira jamais qu'une augmentation ou diminution dans une variable est cause d'une augmentation ou diminution d'une autre variable sans une vérification plus approfondie et contrôles statistiques plus poussés. Le coefficient de corrélation de Pearson mesure la force de la relation linéaire existant entre deux variables. Une association linéaire suppose que lorsqu'une variable augmente, l'autre variable dépendante croît ou décroît linéairement. Les valeurs de coefficient de corrélation proche de +1 (corrélation positive) signifient que lorsqu'une variable augmente, l'autre augmente linéairement. D'autre part, un coefficient de corrélation proche de -1 signifie que lorsqu'une variable augmente, l'autre diminue presque linéairement. Les valeurs proches de 0 signifient très peu de corrélation linéaire entre variables.

[19] Il sera toujours utile d'accompagner les mesures de tendance centrale par les mesures de dispersion. Celles-ci comprennent le rang, la variance, l'écart de déviation standard, le coefficient de variation ainsi que le rang interquartile.

Enfin, il conviendra de procéder à la représentation graphique des données après avoir choisi les meilleures représentations graphiques qui résument la structure du paquet des données et soulignent les principales hypothèses qui soutiennent les objectifs de qualité des données, l'échantillonnage et le plan d'analyse et les plans d'assurance qualité du projet d'EQD. Il est recommandé d'utiliser le plus possible de représentations graphiques qui examinent différents détails du paquet des données.

Une alternative au coefficient de corrélation de Pearson est le coefficient de rang de Spearman. Il est calculé en remplaçant chaque valeur de variable par son rang (Exemple, 1 pour la plus petite valeur de la variable X ; 2 pour la seconde plus petite valeur de X, etc.) On fait de même pour chaque valeur de Y avant de traiter les pairs de données de rang (X, Y). Le coefficient de rang de Spearman est calculé en utilisant la même formule que pour le coefficient de corrélation de Pearson.

Choix de la meilleure méthode statistique

Partant de la revue préliminaire des données ci-dessus, il s'agira ici de choisir la procédure la plus appropriée d'analyse des données. Parmi les activités à réaliser, il convient de signaler le choix de la méthode statistique ; l'identification des hypothèses qui sous-tendent le test. Enfin, parmi les outils à retenir, il convient de citer les tests d'hypothèse d'une seule population ; les intervalles de confiance pour une seule population ; les tests d'hypothèse pour la comparaison de deux populations et les intervalles de confiance pour la comparaison de deux populations.

Méthodes pour une seule population

Le choix de la méthode statistique est toujours fondé sur les objectifs de l'utilisateur des données et des résultats de la revue préliminaire des données. Deux situations sont plausibles, à savoir si le problème implique la comparaison des résultats de l'étude à un seuil fixé comme un standard normatif, alors une méthode à échantillon unique n'est pas appropriée. Deux échantillons doivent être choisis.

Exemple : Il peut s'agir de déterminer si 95 % de toutes les compagnies qui polluent l'environnement avec du dioxyde de sulfure sont en dessous d'un seuil tolérable. Pour cet exemple, le paramètre de la population est une proportion et la valeur seuil est 95 %. En comparant la moyenne de concentration de contamination d'un site quelconque à l'historique de concentration moyenne d'un site, serait considéré un test de double échantillon.

Les tests d'hypothèse discutés ici peuvent être utilisés pour déterminer s'il y a évidence que où $\Theta < \Theta_0$, $\Theta > \Theta_0$ ou $\Theta \neq \Theta_0$ où Θ représente la population moyenne, médiane, proportion ou quantile et Θ_0 représente la valeur seuil. Il existe des procédures d'intervalle de confiance/tolérance pour estimer Θ. Deux possibilités s'offrent : les méthodes paramétriques et celles non paramétriques. Les manuels de statistiques développent abondamment sur ces deux aspects sur lesquels nous ne saurons revenir ici. Ce que nous pouvons simplement retenir est que les méthodes paramétriques s'appuient essentiellement sur la connaissance de la distribution spécifique de la population ou de la statistique considérée comme la plus importante alors que les méthodes non paramétriques s'appuient sur les rangs relatifs des valeurs des données. Ici la connaissance de la forme précise de la distribution de la population n'est plus nécessaire.

Comparaison de deux populations

Il s'agit ici de la comparaison de deux paramètres provenant de deux populations. Ces paramètres peuvent être la moyenne, la médiane ou les proportions.

Les populations présentant un intérêt évident peuvent être soit indépendantes ou des pairs. Avec les populations indépendantes, les mesures sont prises séparément de deux groupes d'unités d'échantillonnage. Les observations d'une paire de populations sont corrélées. Ici deux mesures sont tirées d'un ensemble d'unités d'échantillonnage à des moments différents, par exemple, les mesurages pris avant et après ou deux projets faisant des mesurages différents sur un seul ensemble d'échantillons. Il existe aussi ici des méthodes paramétriques et non paramétriques abondamment développées par les manuels de statistiques.

Comparaison de plusieurs populations simultanément

Il s'agit ici d'expliquer comment s'y prendre dès lors qu'on se trouve en face de moyennes de plusieurs populations. La comparaison sera faite entre plusieurs populations traitement versus une population considérée comme témoin. Par exemple, on peut tester les données de plusieurs zones de santé par rapport à celles d'une zone de santé considérée comme témoin.

Les méthodes utilisées ici comparent quelques populations tout en contrôlant le niveau général de signification. Si des tests de *student* sont appliqués au niveau de signification α, alors le niveau de signification général est supérieur à α. Il est possible qu'il soit plus élevé s'il y a beaucoup de groupes expérimentaux. Ici les tests sont plus puissants pour détecter les différences entre les groupes expérimentaux et le groupe témoins que pour les autres méthodes de comparaison multiple qui comparent toutes les paires possibles des moyennes des populations comme le test F d'ANOVA et celui de Kruskal-Wallis. Ici encore il existe des tests paramétriques et non paramétriques que les manuels de statistiques développent mieux.

L'évaluation de la qualité des données peut se faire suivant une approche qualitative ou celle quantitative. Les deux approches peuvent se compléter pour donner aux gestionnaires des projets aussi bien la profondeur que la mesure des écarts par rapport aux critères de qualité des données. Alors que les techniques quantitatives mesurent les écarts non souhaités, celles qualitatives approfondissent les lacunes constatées en vue d'apporter les redressements les plus appropriés.

Chapitre V.

Analyse économétrique des déterminants de la qualité des données des projets de développement socio-économique en RD Congo : évaluations de qualité des données effectuées entre 2012 et 2017

Les chiffres demeurent la référence la plus importante lorsqu'il s'agit d'évoquer la performance d'une entreprise (chiffre d'affaires) ou celle d'un projet de développement économique dans divers domaines comme la santé, l'éducation, la sécurité alimentaire et même la gouvernance.

Cependant, autant tout le monde fait confiance aux chiffres, autant ceux-ci nous parviennent avec une qualité souvent douteuse. Il est dès lors légitime de se poser la question de savoir si l'on n'a plus confiance aux chiffres, dans quelle autre variable pourrions-nous rassembler notre confiance ? Le chiffre est incontournable aussi bien pour la communication des résultats ou performance que pour la planification des activités futures d'une entreprise ou d'un projet de développement socio-économique. En outre, ce qui est vrai d'un projet de développement l'est encore plus d'un pays ou sa macroéconomie. Pourtant, les différents chercheurs et praticiens de la gestion ont du mal à s'accorder sur le concept qualité. Dans l'entre-temps, il faut reconnaître la difficulté de s'accorder sur le concept qualité des données. Ce concept est intrinsèquement difficile à appréhender. Ainsi, pour Julien Tièche, *la notion de qualité est aussi fortement liée à son contexte et à la façon dont elle est appréhendée. La qualité associe ainsi toujours le sujet (le client ou l'usager) et l'objet (le produit ou le service). Elle est donc constamment relative à un contexte, une attente (Chaumette, 2006, p. 41)*[20]. Ce concept est perçu désormais tantôt comme objet et tantôt comme objectif d'étude ou de pratique de gestion. D'où la nécessité de s'accorder sur les critères ou dimensions de la qualité des données. Évaluer la qualité des données revient donc à rapprocher les critères de qualité des données de la réalité des données en face.

Voilà pourquoi lorsque Laure Berti-Equille parle de la modélisation de la qualité des données relevant d'un système, elle revient sur les différentes dimensions de la qualité des données telles que perçues par différents auteurs comme Brodie, Delen et Rijsenbri ; Wang ; Redman ; Clabreto, Pinon, Pouillet et Richez[21]. Elle ne présente pas les déterminants de la qualité des données.

En République démocratique du Congo, chaque agence de développement a son approche sur la qualité des données. Celle qui semble la mieux formalisée sur le terrain est celle de l'Agence américaine de développement (USAID). Fondée sur la pratique

---

[20] Tièche Julien : « La mesure des dimensions de la qualité des archives électroniques : apport des textes normatifs en matière d'archivage électronique à long terme » ; Genève, 2 mars 2015 ; mémoire présentée à la Haute École de Gestion de Genève (HEG-GE), p. 7.

[21] Laure Berti-Equille : « La qualité des données comme condition à la qualité des connaissances : un état de l'art », *Revue des Nouvelles Technologies de l'Information,* 2004, **numéro spécial** « Mesures de qualité pour la fouille de données ». ffhal-01856198f, p. 5.

de l'évaluation de la qualité des données auprès de plusieurs agences de développement international financées par l'Agence de développement américaine (USAID) entre **2017 et 2020**, cette étude cherche à comprendre les déterminants de la qualité des données. Quels sont les facteurs déterminants de la qualité des données ? en constitue la question centrale.

Il s'agit d'une approche essentiellement qualitative sous la forme d'une étude de cas. Celle-ci a fait recours à un modèle économétrique.

La littérature abonde d'articles et publications autour de la qualité des données. Les choses deviennent plus intéressantes lorsqu'on réalise la pertinence des publications sur la corrélation entre la qualité des données et les coûts de l'entreprise. Markus Eppler *et al.* font la revue et la catégorisation de tous les coûts potentiels qui sont entraînés par la faiblesse de la qualité des données et en examinent leur évolution[22]. Et David Loshin d'enfoncer le clou dans son article lorsqu'il affirme *qu'il existe une preuve irréfutable sur les durs impacts (sur l'activité) directement liés à la faiblesse de la qualité des données.* En procédant par une étude de cas, Loshin souligne quatre catégories d'impacts, à savoir les impacts d'ordre financier ; de confiance et de satisfaction ; de productivité et de risque et compliance.

En allant plus loin, Even et Adir[23] ont inauguré *des outils de modélisation de l'inégalité et son mesurage dans de très grandes bases des données. Nous montrons,* poursuivent-ils, *que les évaluations*

---

[22] Markus Eppler *et al.* : "A classification and analysis of data quality costs" ; https ://www.researchgate.net/publication/266422881 ; January 2004.

[23] Even *et al.* : *Comparative analysis of data quality and utility inequality assessments*, Ben Gurion University of the Negev, Department of Industrial Engineering and Management, p. 7.

quantitatives de l'inégalité, ensemble avec les évaluations qui reflètent la présence et l'impact des défauts, peuvent informer sur l'état actuel de la qualité ; orienter les politiques de suivi de la qualité des données et aider à prioriser les efforts d'amélioration.

Les deux auteurs finissent par conclure que le lien entre *les défauts de qualité, les efforts d'amélioration et les gains économiques a jusqu'à présent été insuffisamment examiné*[24].

Surfant sur le même raisonnement, mais de manière plus pragmatique, cette étude se fonde sur un nombre important d'évaluations.

Plus pragmatique et se fondant sur un nombre important des rapports d'évaluation de la qualité des données réalisées entre 2017 et 2020, l'analyse se fonde sur un modèle de régression multiple où la qualité des données est expliquée par la qualité des indicateurs ; la formation des agents de collecte des données et le nombre d'évaluations de la qualité des données réalisées sur un indicateur.

Il s'agissait ici d'établir les déterminants de la qualité des données (variable qualitative ordinale) en rapport avec le nombre de fois que les agents de collecte des données ont été formés (variable quantitative) ; la qualité des indicateurs (variable qualitative) ; la qualité des indicateurs (variable qualitative).

Après une analyse descriptive à travers les tableaux d'effectifs, nous allons procéder à une analyse de la corrélation à travers le test du khi-carré et le calcul du coefficient de contingence. En cas de dépendance significative entre la qualité des données et l'un ou l'autre déterminant retenu a priori, il sera procédé à

[24] *Idem*, p. 12.

l'estimation d'un modèle de choix multiples ou de choix binaire après avoir ramené la qualité des données à une variable binaire.

À l'issue des calculs statistiques décrits dans l'annexe 2, il s'avère qu'il n'existe aucune corrélation entre la variable qualité des données d'une part et les variables qualités de l'indicateur d'autre part ; formation des agents de collecte des données et nombre d'évaluations de qualité des données.

Les gestionnaires des projets et programmes considèrent actuellement qu'en veillant au choix de l'indicateur, il y a de fortes chances d'améliorer la qualité des données. D'où non seulement les bailleurs des fonds insistent sur le choix le plus méticuleux de l'indicateur (suivant les critères ad hoc). Une fois l'indicateur bien choisi, l'Agence de mise en œuvre du projet ou programme forme les agents de collecte des données en veillant particulièrement à faire comprendre la définition de l'indicateur ainsi que les limitations éventuelles dans la collecte des données. La formation des agents de collecte (et souvent de tous les agents du programme) est une recommandation récurrente particulièrement à l'issue des évaluations de la qualité des données soit pour prévenir, soit pour maintenir les standards.

Pendant que ces ingrédients d'amélioration de la qualité des données sont considérés comme pratiquement incontournables, il s'avère que la qualité des données comme l'exactitude dépend de plusieurs autres facteurs difficiles à cerner, notamment la bonne volonté du gestionnaire car très souvent, le responsable de suivi et évaluation est un membre du personnel du projet ou programme. Ceci fait que ce membre du personnel, qui est supervisé par le gestionnaire principal, demeure à la merci de ce dernier. Ceci laisse la qualité des données dans un espace peu protégé car les modifications demeurent toujours possibles à tout moment.

Il conviendra donc d'explorer d'autres facteurs susceptibles d'influer sur la qualité des données et les intégrer dans un modèle d'analyse multivariée. C'est ici où nous tombons d'accord avec Even et Adir lorsqu'ils concluent que *des politiques d'amélioration de la qualité et des décisions de priorisation de la qualité doivent également tenir compte d'autres contraintes comme les engagements d'activités ainsi que la disponibilité des ressources financières et humaines dans les efforts de correction*[25].

Par ailleurs, il convient de souligner aussi le fait que le recours à l'approche qualitative peut inviter au processus une certaine subjectivité sur le jugement de la qualité des données. Johanna Levesque dans son mémoire conseille en amont de l'évaluation de la qualité des données *d'ajouter une mesure concernant l'appréciation personnelle de l'expert qui utilise le système MUM. Cette mesure sera souvent la seule qui pourra être insérée de manière explicite. Elle aura comme effet d'influer sur la rigueur de l'analyse en y ajoutant une certaine subjectivité*[26]. Dans un tel contexte, la subjectivité peut être déterminante dans la détermination de la qualité des données. Il serait donc judicieux de combiner à la fois la méthode qualitative et celle quantitative pour garantir une décision optimale quant à la qualité des données.

Aucune des variables explicatives retenues (qualité de l'indicateur ; formation des agents de collecte des données et fréquence de conduite d'évaluations de la qualité des données) ne permet pas d'expliquer la qualité des données. C'est dire en

---

[25] Adir Even *et al.*: *Comparative analysis of data quality and utility inequality assessments*, http://aisel.aisnet.org/ecis2008, p. 13.

[26] Johanna Levesque : *L'évaluation de la qualité des données spatiales (approche top-down et gestion de l'évaluation de la qualité des données géospatiales ; approche top-down et gestion de la métaqualité)*, département des sciences géomatiques ; faculté de foresterie et de géomatique ; Université de Laval ; Québec ; 2007, p. 123.

d'autres termes que les variables choix de l'indicateur ; formation des agents de collecte des données et même la fréquence de conduite d'évaluations de la qualité des données ne sont pas suffisantes pour expliquer la qualité des données. Il faut explorer d'autres variables. La meilleure piste à explorer est celle qui expliquerait la véritable chaîne des décisions sur le reportage ou la diffusion des données au sein des systèmes de gestion des données.

Enfin, il sera toujours recommandable que les évaluations de qualité des données utilisent à la fois l'approche qualitative et quantitative pour garantir une décision sur la qualité qui soit optimale.

Chapitre VI.

Qualité des données et capitalisation des connaissances d'un projet de développement socio-économique

Tout projet de développement socio-économique est dès sa conception tourné vers la capitalisation des connaissances. Mieux, un projet est un travail de recherche en sciences sociales. En effet, comme pour toute recherche scientifique, le projet se donne des objectifs clairement définis et collecte des données dans le temps sous forme d'une série chronologique. Ces données sont analysées périodiquement pour la prise des décisions mais également pour comprendre si oui ou non le projet évolue dans le sens de répondre aux attentes des parties prenantes au projet.

Ce chapitre voudrait comprendre comment la qualité des données a une grande influence sur la qualité des connaissances susceptibles d'être capitalisées d'un projet de développement. En clair, les données de mauvaise qualité ne peuvent qu'induire à des connaissances de piètre qualité. Comment éviter ou, du moins, réaliser déjà que les connaissances sont biaisées ? Voilà autant de questions auxquelles ce chapitre essaiera de répondre.

Sources de connaissances

Traditionnellement, les connaissances sont extraites des données puisées du sous-système de suivi ; des évaluations successives du projet notamment l'étude de référence, l'évaluation à mi-parcours et enfin, l'évaluation finale du projet.

Plusieurs organisations ont approché la problématique de la capitalisation des connaissances via le paradigme de l'apprentissage communautaire. Il ne s'agit plus dès lors de tirer seulement les bonnes leçons de la mise en œuvre de son projet ou programme mais d'approcher la démarche en tant que communauté de mise en œuvre des projets ou programmes similaires ou, du moins, des projets qui partagent le même environnement socio-économique et donc les mêmes opportunités et les mêmes défis. C'est ainsi que dans le plan de Suivi et Évaluation du projet se trouveront déjà bien repris les questions relatives à la capitalisation des connaissances ainsi que les moyens de répondre à ces questions. Dans la plupart des cas, le plan de suivi et évaluation ne reprend souvent que les questions du bailleur. C'est pour tout dire que les clauses d'attribution des contrats de mise en œuvre des projets de développement stipulent souvent que les connaissances appartiennent avant tout à la partie bailleresse. Lorsque cette approche est logique, elle semble cependant privilégier une approche unilatérale de quête de capitalisation des connaissances lors de la mise en œuvre d'un projet. Dans la réalité, la capitalisation des connaissances doit intéresser au plus haut point la communauté des bailleurs mais également et surtout l'État hôte des projets de développement.

Une bonne capture des connaissances dans un projet/programme passe par un bon choix d'indicateurs ; une estimation réaliste de la période de collecte des données ; une bonne définition des méthodes de collecte des données et/ou élaboration des protocoles de collecte des données ; une bonne formation des agents de collecte des données et un bon circuit de remontée des données.

Dans la pratique, cependant, ce dispositif ci-haut décrit ne suffit pas généralement pour garantir la qualité des données. Laure Berti-Equille revient dans son article sur la qualité des données et celle des connaissances sur les raisons d'une piètre qualité des données. Elle les résume comme suit :

Lien direct entre qualité des données et capitalisation des connaissances

Plusieurs facteurs entrent en ligne de compte lorsqu'il s'agit de la qualité des données. Ces facteurs peuvent être regroupés en deux courants : ceux qui sont internes au projet lui-même et ceux qui lui sont externes.

- **Les facteurs internes au projet**

Les données de mauvaise qualité peuvent provenir de mauvais choix ou d'erreurs dans la mise en branle des processus visant la mise en place du système même de suivi et évaluation du projet. En effet, par une mal formation ou par ignorance, beaucoup de gestionnaires des projets privilégient le choix d'indicateurs sur celui de processus conduisant à ce choix. En effet, comme nous l'avons dit plus haut, le projet est en soi un travail de recherche. Et donc, le point de départ de tout projet doit être une claire définition de sa théorie de changement. Au-delà de la simple indication des intrants, extrants et résultats, la théorie de changement visualise l'approche de mise en œuvre retenue par le projet. La théorie de changement ne s'improvise pas. Elle est généralement bâtie sur les expériences antérieures et documentées et qui ont fait leurs preuves sous d'autres cieux. Dès lors, le travail de mise en œuvre du projet consiste à vérifier si les mêmes causes peuvent produire les mêmes effets dans le nouvel environnement socio-économique de mise en œuvre du projet. Parlant de théorie de changement, un projet peut se retrouver en face de deux possibilités : soit il s'agit d'un projet déjà mis en œuvre dans un autre environnement (le problème est connu et les solutions proposées sont connues ou peuvent être modifiées), soit il s'agit d'un projet nouveau ou pilote (projet « sui generis ») dont les solutions pourraient être répliquées ailleurs dans des contextes similaires. Il sied de souligner ici que tout en étant un projet totalement nouveau, il ne manquera pas toujours de projet similaire qui pourrait toujours inspirer dans l'élaboration de la théorie de changement.

Ci-dessous l'exemple d'une théorie de changement d'un projet *sui generis* ou nouveau dans son approche.

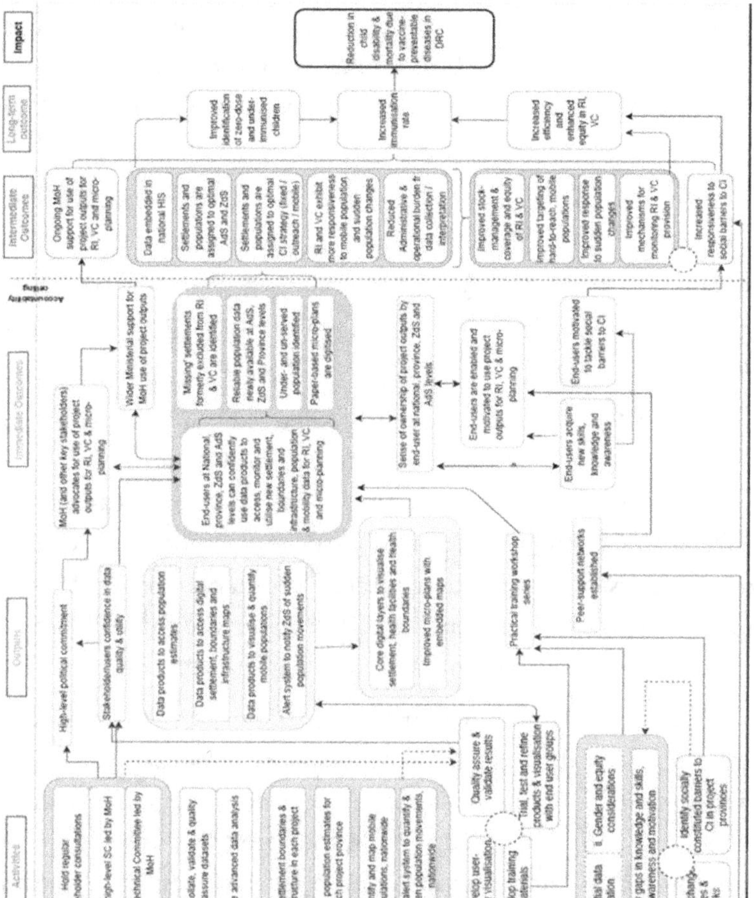

Fig. n° 7 : Exemple d'une théorie de changement.

Dans le cas d'une théorie de changement existant, on n'inventera pas la roue. L'équipe de gestion du projet devra se procurer la théorie de changement du projet mis en œuvre dans le passé en veillant à la modifier si c'est nécessaire.

Dans le cas d'un projet nouveau, il faudrait élaborer une nouvelle théorie de changement. Celle-ci devra être en adéquation avec les exigences scientifiques et devra passer par une validation de la communauté des bailleurs/agences de mise en œuvre.

- **Les facteurs externes au projet** : la portée de mise en œuvre et la superficie couverte par le projet ; le retard dans l'infrastructure de communication ; la motivation des agents de collecte des données ; la formation sur les méthodes de collecte des données des agents de collecte ; les intérêts divergents des personnes impliquées dans les différents niveaux de validation des données dans leur remontée vers le niveau central, etc.

Toute démarche visant à améliorer la qualité des connaissances doit partir de l'amélioration de la qualité des données. Celles-ci constituent le socle de toute connaissance rigoureuse et opposable à tous. Or, tout projet est une démarche conduisant à l'amélioration des connaissances en sciences sociales. Et donc, si les données qui caractérisent un projet ne sont pas de bonne qualité, les conclusions de l'étude-projet seront irrémédiablement biaisées.

Chapitre VII.

Les données de qualité dans le processus de planification économique dans les pays en voie de développement

Le début de la planification du développement date d'avant l'indépendance. La planification demeure la pierre angulaire de tout processus visant l'élaboration des politiques économiques et/ou sociales. En dépit d'une brève interruption à l'époque des programmes d'ajustement structurel, la décennie 90 a vu une résurgence de la planification du développement et une évolution consistant à passer de l'attention accordée à la réduction de la pauvreté à un renouvellement de l'attention portée à la transformation structurelle de l'économie. Dans un sens, cette évolution de la planification consiste en un retour à la case départ et à un retour à la vision de la transformation structurelle de l'époque qui a fait suite à l'indépendance.

En dépit de cette évolution, après plus de 50 années de planification du développement, une croissance économique sans exclus, la réduction de la pauvreté et la transformation structurelle de l'économie restent des objectifs de développement sans cesse fugaces pour la plupart des pays africains. En revanche, la planification du développement a été déterminante dans la réussite de la transformation des économies émergentes, en particulier en Asie du Sud-Est.

Ceci soulève la question de savoir comment la qualité des données peut influer sur la qualité de la planification et partant sur les résultants de celle-ci.

Définition de la planification

La planification du développement peut être soit physique, soit spatiale dans le cadre de l'aménagement urbain, territorial ou rural, soit conceptuelle, pour définir des stratégies et priorités visant à assurer une affectation et une utilisation optimales des ressources.

La planification conceptuelle nous intéresse au plus haut point ici. En effet, dans le cadre conceptuel, la planification du développement s'est adaptée à toutes les conjonctures économiques ; mieux aussi bien en temps de paix qu'en temps de guerre (*Exemple : Plan de relance de l'économie européenne durant la période post-Covid*) et a constitué la meilleure recette pour les divers systèmes de gouvernance aussi bien socialistes que totalitaires ou démocratiques.

En parlant de la planification conceptuelle, il convient de faire un distinguo entre la planification visant la stabilisation et celle visant le développement.

- **La planification de stabilisation** : elle est souvent appelée planification anticyclique dans la mesure où elle tend à stimuler la croissance au cours des périodes de récession ou de ralentissement de la croissance.

- **La planification du développement** : elle va au-delà de la simple promotion de la croissance en favorisant le progrès économique et social et en levant les contraintes qui font obstacle à ces progrès. Cela exige souvent la mise en œuvre de réformes institutionnelles et structurelles.

La planification anticyclique est souvent entreprise dans un environnement marqué par le développement socio-économique où les institutions et les marchés fonctionnent raisonnablement bien. En revanche, des mesures de transformation sont requises dans les pays en développement où les dysfonctionnements institutionnels et ceux inhérents au marché sont omniprésents ; l'épargne est faible ; les infrastructures sont insuffisantes et où les investissements étrangers sont concentrés dans les secteurs extractifs qui apportent peu d'avantages à la majorité de la population.

Exemple : Les Programmes d'ajustement structurel imposés aux pays africains au début des années 80 peuvent être considérés comme un exemple de l'application, quoiqu'avec peu de succès, des mesures de planification anticyclique pour s'attaquer aux problèmes structurels des pays en développement.

On peut donc définir la planification comme un processus *visant la formulation d'un programme d'action national en vue d'atteindre des objectifs de développement.*

Pour Waterston, la planification constitue une tentative organisée, consciente et continue de choix de meilleures options disponibles pour atteindre des objectifs précis (Waterston, 1969). Todaro la définit comme « une tentative délibérée des pouvoirs publics de coordonner la prise de décisions économiques à long terme et d'influer sur le niveau de croissance des principales variables socio-économiques d'une nation, afin de réaliser un ensemble d'objectifs de développement déterminés à l'avance » (Todaro et Smith, 2006). D'autres spécialistes définissent la planification du développement économique comme la façon idéale pour un gouvernement de définir ses objectifs de développement et de faire preuve d'initiative dans la recherche de solutions aux problèmes de développement du pays.

De ces différentes définitions, nous pouvons dégager les éléments clés d'un plan de développement. Il s'agit de :

- *Recours aux données de qualité :* on ne peut regarder vers le futur, c'est-à-dire planifier, sans jeter un regard critique sur le passé. Toute planification se fonde sur la performance (globale ou sectorielle) antérieure. D'où la nécessité de disposer des données de qualité dans les différents secteurs de l'économie. C'est ainsi que, au niveau macroéconomique, de nombreux pays ont très tôt exprimé le besoin de disposer d'un institut des statistiques ou de la statistique au niveau national et local pour pouvoir collecter les données de qualité susceptibles d'être utilisées dans le processus de planification ;

- *Objectifs* : déterminés à l'avance et bien définis. La planification du développement se justifie d'autant plus dans une économie lorsqu'elle remédie aux dysfonctionnements du marché, contribue au bon usage de toutes les ressources, permet une mobilisation et une allocation efficaces des ressources et contribue à l'intégration du marché.

La détermination des objectifs est d'autant plus objective qu'elle se fonde sur des données de qualité. Celles-ci peuvent provenir aussi bien du secteur public (via un institut des statistiques/de la statistique) ou du secteur privé (projets de développement socio-économique ou alors des entreprises commerciales et/ou industrielles) ;

- *Contrôle d'une autorité centrale qui est l'État ou le gouvernement* : l'État étant le responsable ultime du bien-être de tous, aucune planification du développement ne peut se faire sans son contrôle direct ;

- *Utilisation optimale des facteurs de production* ;

- *Temporalité ou un intervalle de temps précis de réalisation des objectifs.*

Dans son sens plutôt managérial, la planification d'un État (gouvernement) peut revêtir deux aspects importants, à savoir :

✓ *La planification microéconomique du secteur public :* elle concerne les activités liées au secteur public où l'État constitue l'employeur. C'est ainsi qu'il existe, dans plusieurs ministères, les directions d'études ou de planification ;

✓ *La planification macroéconomique :* elle consiste à planifier les activités socio-économiques de l'ensemble de la collectivité où l'État est responsable de ladite collectivité.

Importance de la planification

La planification du développement est une méthode systématique de priorisation des besoins économiques et sociaux via un processus d'identification, d'articulation, de hiérarchisation dont un pays s'approprie dans la limite de ses ressources.

Elle est donc, par conséquent, un moyen essentiel de réalisation par un pays de ses objectifs de développement ou de sa vision du développement. Après l'identification de leurs besoins et aspirations, les pays doivent décider de la manière d'atteindre ces objectifs.

Dans les économies en développement, toutefois, la voie vers le développement est semée de nombreuses embûches mais surtout de difficultés systémiques, que le marché à lui tout seul ne peut aplanir.

Ainsi donc, en résumé, la planification fournit un mécanisme qui permet de :

1) remédier aux dysfonctionnements du marché et à la fragilité des institutions : celles-ci sont des caractéristiques communes à la plupart des pays africains ;

2) affecter adéquatement les maigres ressources aux priorités de développement : ceci est possible grâce au rôle de surveillance de l'État ; de coordination, de hiérarchisation dans l'utilisation des maigres ressources de développement et d'établissement d'un lien entre celles-ci et le budget et les cadres de dépenses connexes. Ceci est particulièrement pertinent pour les pays post-conflits ou ceux pourvus d'institutions fragiles et/ou faisant face aux dysfonctionnements continus du marché ;

3) planifier le développement, autrement dit conférer à l'État un rôle primordial dans le pilotage du développement du pays face à l'existence de nombreux dysfonctionnements et inefficacités du marché, à l'insuffisance des capacités productives et institutionnelles, et à la nécessité des changements structurels majeurs et porteurs de transformation. Voilà qui devient différent du simple ajustement de certains aspects de l'économie ;

4) mobiliser des ressources additionnelles et d'aligner le financement extérieur sur les priorités nationales. Le plan de développement de sept ans (1963-1970) du Ghana, le plan de développement quinquennal du Nigeria, le plan Mobutu des années 80, le plan de modernisation du président Joseph Kabila (2011-2016), etc. étaient fondés souvent sur l'hypothèse qu'au moins, 50 % du financement proviendrait de sources extérieures

(Waterston, 1969). Dans ce cas de figure, il vaut mieux disposer de suffisamment de données fiables pour convaincre les partenaires, aussi bien bilatérales que multilatérales ;

5) assurer la pérennité de la mise en œuvre du plan : lorsque la conception d'un plan de développement est faite au travers d'un processus de consultation et de participation, favorise le dialogue avec les parties prenantes, qui est essentiel pour assurer une durabilité à la mise en œuvre du plan. En effet, la planification du développement peut être une manière efficace de mobiliser la population autour d'une vision nationale. Cela n'est toutefois possible que si le processus de planification est sans exclus.

L'expérience britannique en matière de planification durant la guerre et l'après-guerre, et la planification au titre du Programme de reconstruction européenne après la Seconde Guerre mondiale sont des exemples types d'expériences réussies de planification dans les pays touchés par des crises.

Méthodes de planification

Idéologiquement, il existe deux méthodes de planification. Le choix de l'une ou l'autre méthode est fonction de la perception du rôle de l'État par rapport à celui du marché dans le processus de développement.

1) La planification centralisée : est pratiquée dans des économies où l'État joue un rôle dominant dans l'économie. Mise en œuvre généralement dans des pays socialistes comme l'ancienne Union des Républiques socialistes soviétiques (URSS ou Union soviétique) et la République populaire démocratique de Corée, la planification centralisée se caractérise par un système administratif fortement centralisé d'affectation et de production des ressources. L'offre et la demande sont contrôlées, pas par le marché, mais par un système administratif centralisé, qui cherche à concilier quantitativement les besoins avec l'offre disponible sur la base des quotas de production. Par des réglementations et des directives, l'État détermine le niveau de l'épargne, de l'investissement et les prix. Les partisans de la planification centralisée soutiennent que, pour les pays qui se trouvent dans les premières phases du développement, elle constitue un outil essentiel de conservation des maigres ressources du pays, en assurant leur affectation aux priorités nationales stratégiques et en transformant structurellement l'économie du pays. Dans pareil contexte, les responsables de la planification centralisée peuvent coordonner le processus d'industrialisation au moyen d'une réaffectation sectorielle des ressources. À mesure que les économies de ces pays gagnaient en complexité, il devenait de plus en plus difficile pour les planificateurs de concilier l'investissement et les besoins du consommateur, d'une part, avec l'offre disponible, d'autre part. Du fait que les mesures d'encouragement au producteur dépendaient du respect des quotas de production et non de la réalisation de bénéfices, la réduction des coûts ne constituait pas une priorité. En outre, vu que le quota de production d'une entreprise allait probablement augmenter en cas de dépassement du quota, il existait peu d'incitation à dépasser un quota, même en temps de demande excédentaire. Cela a créé une situation où les pénuries d'un produit coïncidaient avec des surplus. En effet, les entreprises répondaient simplement aux signaux ou aux prescriptions en matière de production du système administratif centralisé, que ces signaux aient été ou non en porte à faux avec les réalités du marché. Il en a souvent résulté la surproduction, la constitution de stocks importants et, en fin de compte, un retard considérable dans la réalisation des objectifs du plan, comme cela a été le cas pour le premier plan quinquennal de la Yougoslavie, pour le plan quinquennal 1961-1965 de la Pologne et pour le sixième plan quinquennal 1956-1960 de l'URSS (Waterston, 1969).

2) La planification indicative : Les décisions économiques découlent pour partie de la main invisible du marché et pour partie de l'intervention de l'État. L'État et le secteur privé jouent un rôle actif dans le processus de planification. Le rôle du secteur public est considéré comme celui d'un facilitateur de la promotion du développement dans le pays. En outre, le secteur privé s'emploie à réagir aux mesures d'incitation de l'État tendant à la satisfaction des besoins de développement nécessaires de l'économie sur la base des priorités fondamentales du plan de développement.

On distingue également :

1) La planification globale (nationale) : Elle concerne tous les secteurs d'activités d'un pays. C'est la forme la plus répandue de planification du développement. La procédure dans la planification globale consiste à déterminer les objectifs principaux, notamment le taux de croissance économique à atteindre chaque année, et ce, durant toute la période où s'étend le plan. Après avoir défini les principaux objectifs du plan, on définit ensuite les objectifs spécifiques à atteindre au niveau de chaque secteur. Les plans globaux de développement concernent principalement les investissements du secteur public que ceux du secteur privé. Au sein des investissements du secteur public, on privilégie beaucoup plus les équipements du secteur dit économique au détriment du secteur dit social. Par exemple, dans le plan quinquennal (1986-1990) élaboré pendant la Deuxième République, les investissements du secteur public ont compté pour 64 % et 36 % pour ceux du secteur privé. Dans le

64 % du secteur public, 84 % était destiné aux équipements économiques et 16 % aux équipements sociaux.

2) La planification sectorielle : La planification sectorielle ou planification par branche d'activités a pour rôle de déterminer les quantités des biens et services à produire au niveau de chaque secteur d'activité de manière à atteindre les objectifs du plan global. On utilise le tableau input et output pour déterminer les quantités.

3) La planification par projet : Elle consiste à concentrer les efforts d'investissements sur quelques projets pouvant entraîner le développement d'un secteur d'activité. Par exemple, le premier plan élaboré en Russie était axé sur l'électrification du pays. *Lénine* qui était le chef du parti et du gouvernement en Russie avait déclaré ce qui suit : *« Pour développer le pays, il faut créer les industries et pour créer les industries, il faut de l'électricité »*.

4) La planification régionale : Par région, on attend toute entité décentralisée du territoire national. Elle peut être une province, un district. Le rôle de la planification régionale est d'étudier la localisation des unités de production à l'intérieur de la région et d'assurer la répartition et l'utilisation optimale des ressources des différentes régions. En tant que politique économique de développement, la planification régionale poursuit deux objectifs :

a. Équilibrer les conditions de vie de toutes les régions en accordant comme priorité l'implantation des activités et des infrastructures économiques et sociales aux régions les moins nanties ;

b. Spécialiser les régions en fonction de leur potentialité et promouvoir les échanges interrégionaux.

Dans cet objectif de régionalisation de l'économie, les villes jouent un rôle déterminant en tant que centre de développement. Par exemple, dans le plan décennal (1948-1958) élaboré à l'époque coloniale, la politique de développement était la régionalisation de l'économie. À cet effet, on a distingué (3) régions économiques :

a. La région Ouest comprenant le Bas-Congo, le Bandundu et Kinshasa. L'industrie manufacturière et le secteur tertiaire y sont très développés. Kinshasa est le centre de développement de la région ;

b. La région du Sud comprenant le Katanga et les deux Kasaï. La potentialité de la région est l'industrie minière. Lubumbashi est le centre de développement de la région ;

c. La région Nord-Est comprenant l'équateur, la Province orientale, les 2 Kivu et le Maniema. La potentialité de la région est l'agriculture. Kisangani est le centre de développement de la région.

5) La planification urbaine : Elle a pour objectif d'équilibrer les conditions de développement de l'ensemble de la ville et à cet effet, il faut éviter la concentration humaine et économique dans certaines parties de la ville. C'est ce qu'on appelle *la polarisation de la ville.*

Étapes du processus de planification

La planification est un processus qui comprend (7) étapes regroupées en (2) phases :

Phase d'élaboration du plan

✓ *Établissement du diagnostic :* il consiste à faire une analyse des données quantitatives et qualitatives concernant la période passée et présente. Il permet de dégager les forces et les faiblesses du milieu ou de sujet à étudier. C'est ce qu'on appelle l'Analyse du cadre macroéconomique. C'est la tâche des experts.

✓ *Définitions des objectifs à atteindre :* c'est une tâche qui relève des autorités au pouvoir qui décident.

✓ *Élaboration de projections des ressources humaines, matérielles et financières à mobiliser et la détermination des origines de ces ressources.*

Phase de la réalisation du plan

✓ *Mise en œuvre du plan :* c'est l'exécution des actions contenues dans le plan.

✓ *Le suivi de l'exécution :* il s'agit ici d'apprécier à l'aide des indicateurs l'évolution périodique de l'exécution du plan.

✓ *L'évaluation de l'exécution du plan :* on distingue (3) types d'évaluations d'exécutions du plan :

- Évaluation de l'exécution physique ;
- Évaluation de l'exécution financière ;
- Évaluation de l'efficience économique.

✓ *La révision, l'ajustement et la correction du plan :* une fois arrivée à l'étape d'évaluation du plan, il se dégage que les objectifs poursuivis ne seront pas réalisés ; il est recommandé de réviser les objectifs.

Le début de la planification du développement en Afrique date d'avant l'indépendance, mais la planification a gagné en popularité après celle-ci. En effet, en 1965 déjà, 35 pays africains avaient eu des plans, dont peu dataient d'avant l'indépendance (par exemple, au Ghana et au Nigeria). La planification de la période postcoloniale était inspirée en partie par le succès de la planification au Royaume-Uni pendant la guerre. L'Éthiopie, qui n'a jamais été colonisée, a commencé à mettre en œuvre la planification du développement en 1944 sous Haïlé Sélassié Ier, l'Empereur d'Éthiopie. Il s'agissait d'un programme décennal de développement industriel qui a été élaboré avec l'appui technique d'une mission d'experts techniques américains en 1944 et 1945. La planification de l'époque d'avant l'indépendance remonte au Nigeria à 1946, avec la conception du « Plan décennal pour le développement et la prospérité du Nigeria (1946-1956) », qui avait été élaboré par les administrateurs coloniaux.

Les phases de la planification en Afrique peuvent être réparties grosso modo en trois périodes : la planification de la période d'avant l'indépendance à celle qui a précédé les plans d'ajustement structurel ; la planification à l'époque des plans d'ajustement structurel ; enfin, le retour à la planification dans le cadre de programmes visant à atteindre la cible de réduction de la pauvreté fixée dans les OMD et dans les programmes en faveur de l'emploi.

La planification du développement est un exercice qui dépend beaucoup des données historiques. Lorsque celles-ci sont de mauvaise qualité, leur pertinence dans le processus de planification sera discutable. En Afrique, comme partout dans le monde, le défi réel est celui de s'appuyer sur les données de bonne qualité afin de mieux saisir la réalité. La planification devient finalement cette démarche qui s'appuie sur les données de qualité afin de préparer des actions efficaces pouvant changer la réalité. Au-delà du progrès technologique, la question de la qualité des données questionne la volonté politique des preneurs de décisions.

Chapitre VIII.

Quelques cas pratiques sur l'évaluation de la qualité des données

Ces cas pratiques sont présentés ci-dessous dans le but de susciter notre réflexion autour de la qualité des données et des projets de développement qui sont les piliers du développement. Le contenu de leurs énoncés a été puisé dans la longue expérience et/ou exposition de l'auteur de ce papier à la vie des projets de développement économique et dans l'évaluation de la qualité des données des projets mis en œuvre dans différents secteurs de développement socio-économique en République démocratique du Congo et dans le reste du monde. Cela dit, toute ressemblance avec un projet réel existant n'est que factice et ne vise qu'à servir de matériel purement didactique.

Premier cas

Le projet *« Tobongisa »* est mis en œuvre par *Relief International* et couvre les provinces du Haut-Katanga et de Kinshasa en République démocratique du Congo. Ce projet rapporte sur l'indicateur *« ES.1-3 Nombre d'apprenants dans les écoles primaires ou des établissements non scolaires équivalents soutenus avec l'aide à l'éducation du gouvernement américain »*.

Informations générales sur Relief International

Relief International dispose d'un bureau principal à Kinshasa et d'un bureau de terrain à Lubumbashi. L'expert en suivi et évaluation est basé à Kinshasa et pour les besoins de collecte des données, il s'appuie sur les parties prenantes du projet à Lubumbashi et à Kinshasa. Les données ainsi collectées, et relatives à l'indicateur « *ES.1-3 Nombre d'apprenants dans les écoles primaires ou des établissements non scolaires équivalents soutenus avec l'aide à l'éducation du gouvernement américain* » sont remontées au bureau principal de Kinshasa chez l'expert en suivi et évaluation qui compile les données, en vérifie la qualité et assure leur traitement.

Afin de s'assurer de la qualité des données rapportées par *Relief International* à l'USAID et qui doivent être soumises au Congrès, une évaluation de la qualité des données (EQD) sur cet indicateur a été diligentée auprès de ce projet avec comme informateur clé l'expert en suivi et évaluation. À l'issue de cette EQD, les informations et précisions suivantes ont été fournies sur le processus de collecte, traitement et manipulation des données de cet indicateur :

1. Le projet ne mesure pas le nombre mais le pourcentage au niveau secondaire inférieur et non au niveau du primaire ;

2. Les différences considérables entre les données de base, la cible et la réalisation de 2016 ;

3. Aucune procédure écrite et méthodes de collecte de données en place, mais les données collectées sont vérifiées ;

4. Pas de Références officielles d'indicateurs de performance, les lignes directrices écrites et la méthode d'analyse ne sont pas disponibles ;

5. Des différences sont notées entre les données du PMP. Discordances entre les données de base, la cible et la cible annuelle ;

6. Les données collectées sont soumises dès qu'elles sont disponibles ;

7. Les données recueillies par les rapports annuels et trimestriels sont disponibles en conséquence ;

8. Les rapports sur les indicateurs sont trimestriels et soumis annuellement en temps opportun ;

9. L'informateur clé a déclaré que la procédure de Suivi et Évaluation est disponible mais l'équipe de l'EQD ne l'a pas vue. Double saisie et vérification des données par le DCOP ;

10. Saisie des données est faite dans une feuille de calcul Excel et seul l'expert en S & E et le DCOP ont accès à la base des données.

Travail demandé

1. Avec ces informations, veuillez remplir la liste de conformité de l'EQD selon les critères ad hoc ;

2. Quelles conclusions faites-vous de la qualité des données du projet « *Tobongisa* » pour cet indicateur ?

Deuxième cas

a. Secteur de la santé

Le projet « *Bokolongono bwa Nzoto* » est mis en œuvre par *INCEF International* depuis bientôt trois ans dans trois aires de santé des provinces ci-après : Kongo central ; Nord-Kivu et Sud-Oubangui. Ce projet rapporte sur l'indicateur « Nombre d'enfants ayant terminé leurs vaccinations ».

Informations générales sur INCEF International

INCEF International dispose d'un bureau principal à Kinshasa et des bureaux de terrain à Matadi, Goma et Gemena. Les données relatives à l'indicateur « Nombre d'enfants ayant terminé leurs vaccinations » sont collectées par la Zone de Santé. Chaque bureau provincial d'*INCEF International* dispose d'un expert en suivi et évaluation qui rassemble les données, en vérifie la qualité avant de les remonter vers le bureau principal de Kinshasa.

INCEF International dispose également d'un directeur de recherche, suivi et évaluation basé à Kinshasa. Selon ce dernier, le bureau de Gemena procure 40 % des données couvertes, Goma 20 % et finalement Matadi 40 %.

Questions

Quels documents devraient exiger l'Évaluateur de la qualité des données : 1. Lors de la préparation de ladite évaluation ; 2. Lors de la préparation de la visite des bureaux provinciaux ; 3. Une fois arrivé à Goma ?
Données quantitatives relatives à l'indicateur : 1. Où trouver ces données quantitatives ? 2. Comment rapidement évaluer la qualité de ces données quantitatives ?
À cause de certaines contraintes logistiques, l'évaluateur de la qualité des données ne pourra pas visiter les trois bureaux provinciaux. Comment devrait-il procéder pour s'assurer de la qualité des données rapportées au bureau Santé de l'USAID.

b. Secteur Croissance économique :

Le projet « *Mlimo* » est mis en œuvre par *MECSI International* depuis bientôt trois ans dans trois provinces :

Haut-Katanga ; Kasaï central et Maniema. Ce projet rapporte sur l'indicateur « Nombre d'agriculteurs et autres qui ont utilisé les technologies améliorées ou les pratiques de gestion avec l'appui du gouvernement américain ».

Informations générales sur MECSI International

MECSI International dispose d'un bureau principal à Kinshasa et des bureaux de terrain à Lubumbashi, Kananga et Kindu. Les données relatives à l'indicateur « Nombre d'agriculteurs et autres qui ont utilisé les technologies améliorées ou les pratiques de gestion avec l'appui du gouvernement américain » sont collectées par chaque bureau provincial du projet. À la fin de chaque mois, les données sont remontées jusqu'au bureau principal de Kinshasa.

MECSI International dispose également d'un directeur de recherche, suivi et évaluation basé à Kinshasa. Selon ce dernier, le bureau de Lubumbashi procure 30 % des données couvertes ; Kananga 30 % et finalement Kindu 40 %.

Outre le mécanisme « *Mlimo* », un autre mécanisme appelé « *Congo Research* » contribue à cet indicateur. Ce mécanisme collecte ses données dans deux autres provinces, à savoir le Bandundu ainsi que la province de la Tshopo.

Questions

Quels documents devraient exiger l'évaluateur de la qualité des données : 1. Lors de la préparation de ladite évaluation ; 2. Lors de la préparation de la visite des bureaux provinciaux ; 3. Une fois arrivé à Goma ?
Données quantitatives relatives à l'indicateur : 1. Où trouver ces données quantitatives ? 2. Comment rapidement évaluer la qualité de ces données quantitatives ?
À l'issue de cette évaluation, l'évaluateur estime que les données sont de meilleure qualité. Peut-il induire que toutes les données sont de bonne qualité ?

Troisième cas

a. Secteur Démocratie, Droits humains et Gouvernance

Le projet *« Teleme mwana Congo »* est mis en œuvre par *NAD International* depuis bientôt trois ans dans trois provinces : Haut-Katanga ; Kasaï central, Province orientale, Ituri et Maniema. Ce projet rapporte sur l'indicateur « Nombre d'organisations de la société civile engagées dans les plaidoyers qui reçoivent une assistance du gouvernement américain ».

Informations générales sur *NAD International*

NAD International dispose d'un bureau principal à Kinshasa et des bureaux de terrain à Lubumbashi, Kananga, Kisangani, Isiro et Kindu. Les données relatives à l'indicateur « Nombre d'organisations de la société civile engagées dans les plaidoyers qui reçoivent une assistance du gouvernement américain » sont collectées par chaque bureau provincial du projet. À la fin de chaque mois, les données sont remontées jusqu'au bureau principal de Kinshasa.

NAD International dispose également d'un directeur de recherche, suivi et évaluation basé à Kinshasa. Selon ce dernier, le bureau de Lubumbashi procure 20 % des données couvertes, Kananga 15 %, Kisangani 20 % et finalement Kindu 5 %.

Questions

Quels documents devraient exiger l'évaluateur de la qualité des données : 1. Lors de la préparation de ladite évaluation ; 2. Lors de la préparation de la visite des bureaux provinciaux ; 3. Une fois arrivé à Goma ?
Données quantitatives relatives à l'indicateur : 1. Où trouver ces données quantitatives ? 2. Comment rapidement évaluer la qualité de ces données quantitatives ?
À cause des contraintes logistiques, l'évaluateur ne saura pas visiter tous les bureaux provinciaux. Comment devra-t-il s'y prendre ?

b. Secteur de l'éducation

Le projet « *Repère* » est mis en œuvre par *Anitrac* depuis bientôt trois ans dans trois provinces éducationnelles : Haut-Katanga ; Kasaï central et Province orientale. Ce projet rapporte sur l'indicateur « *Nombre d'enfants capables de lire et écrire en français* ».

Informations générales sur *Anitrac*

Anitrac dispose d'un bureau principal à Kinshasa et des bureaux de terrain à Lubumbashi, Kananga et Kisangani. Les données relatives à l'indicateur « Nombre d'enfants capables de lire et écrire en français au bout du cycle primaire » sont collectées par le bureau central de Kinshasa une fois l'an (le 5e mois de l'année).

Anitrac collecte les données relatives à cet indicateur à travers l'évaluation EGRA conduite par une organisation internationale INSA, une organisation basée à Berne (Suisse).

Questions

Quels documents devraient exiger l'évaluateur de la qualité des données : 1. Lors de la préparation de ladite évaluation ; 2. Lors de la préparation de la visite des bureaux provinciaux ; 3. Une fois arrivé à Goma ?
Données quantitatives relatives à l'indicateur : 1. Où trouver ces données quantitatives ? 2. Comment rapidement évaluer la qualité de ces données quantitatives ?
Quelles questions l'évaluateur devrait-il poser à *Anitrac* pour comprendre la validité des données ?

Quatrième cas

a. Secteur Paix et Stabilité

Le projet « *Amka MKongomani* » est mis en œuvre par *NAD International* depuis bientôt trois ans dans trois provinces : Haut-Katanga ; Kasaï central, Province orientale, Ituri et Maniema. Ce projet rapporte sur l'indicateur « Nombre d'organisations de la société civile engagées dans les plaidoyers qui reçoivent une assistance du gouvernement américain ».

Informations générales sur *NAD International*

NAD International dispose d'un bureau principal à Kinshasa et des bureaux de terrain à Lubumbashi, Kananga, Kisangani, Isiro et Kindu. Les données relatives à l'indicateur « *Nombre d'organisations de la société civile engagées dans les plaidoyers qui reçoivent une assistance du gouvernement américain* » sont collectées par chaque bureau provincial du projet. À la fin de chaque mois, les données sont remontées jusqu'au bureau principal de Kinshasa.

NAD International dispose également d'un directeur de recherche, suivi et évaluation basé à Kinshasa. Selon ce dernier, le bureau de Lubumbashi procure 20 % des données couvertes, Kananga 15 %, Kisangani 20 % et finalement Kindu 5 %.

Questions

Quels documents devraient exiger l'évaluateur de la qualité des données : 1. Lors de la préparation de ladite évaluation ; 2. Lors de la préparation de la visite des bureaux provinciaux ; 3. Une fois arrivé à Goma ?
Données quantitatives relatives à l'indicateur : 1. Où trouver ces données quantitatives ? 2. Comment rapidement évaluer la qualité de ces données quantitatives ?
À cause des contraintes logistiques, l'évaluateur ne saura pas visiter tous les bureaux provinciaux. Comment devra-t-il s'y prendre ?

Conclusion générale

L'efficacité de l'aide publique au développement dépend de plusieurs facteurs notamment la coordination de l'aide, la prévisibilité de l'aide, etc. Elle dépend aussi et surtout de la qualité des données qui peut permettre de mieux planifier l'aide au niveau macroéconomique comme également au niveau microéconomique. Ceci suppose, bien entendu, que les centres de décision de l'aide au développement soient détachés des considérations subjectives – ou politiques qui minent l'aide publique au développement.

La confiance que tous les opérateurs économiques affichent vis-à-vis des données – surtout quantitatives – devrait pousser les intervenants à développer un meilleur consensus autour des critères de la qualité des données. S'entendre sur le contenu de chaque critère de qualité des données constituera déjà une avancée importante. Nous pensons que seules les données de qualité peuvent faciliter la meilleure prise des décisions au niveau micro et macroéconomique. Si les données sont recherchées pour une meilleure gestion des projets de développement pris individuellement, elles le sont plus au niveau méso et macroéconomique.

Il convient de souligner que ce besoin des données pour une meilleure gestion des projets de développement ne met pas chaque projet à l'abri de la corruption de la qualité des données.

En effet, l'aide actuellement au développement étant délivrée via les contrats de performance signés entre les bailleurs bi et multilatéraux avec les organisations internationales, la tentation de tordre la qualité devient omniprésente. Il faut dès lors développer des mécanismes d'évaluation de la qualité des données qui s'imposeront dans la mise en œuvre de tout projet de développement. Les données macroéconomiques étant l'agrégation des données microéconomiques, un travail continuel sur l'amélioration de la qualité des données devra continuellement se faire au niveau de la mise en œuvre des projets. Cela passera par une définition de nouveaux universaux autour des critères de qualité des données.

Annexe : Analyse des déterminants de la qualité des données

Il s'agit d'établir les déterminants de la qualité des données (variable qualitative ordinale) en rapport avec le nombre de fois que les agents de collecte des données ont été formés (variable quantitative), la qualité des indicateurs (variable qualitative), nombre d'évaluations de qualité des données (variable quantitative), (variable qualitative).

Après une analyse descriptive à travers les tableaux d'effectifs, nous allons procéder à une analyse de la corrélation à travers le test du khi-carré et le calcul du coefficient de contingence. En cas de dépendance significative entre la qualité des données et l'un ou l'autre déterminant retenu a priori, il sera procédé à l'estimation d'un modèle de choix multiples ou de choix binaire après avoir ramené la qualité des données à une variable binaire.

QUALITÉS DES DONNÉES					
		Effectifs	Pourcentage	Pourcentage valide	Pourcentage cumulé
Valide	1	13	40,6	40,6	40,6
	2	3	9,4	9,4	50,0
	3	5	15,6	15,6	65,6
	4	4	12,5	12,5	78,1
	5	7	21,9	21,9	100,0
	Total	32	100,0	100,0	

QUALITÉ DES DONNÉES EN BINAIRE					
		Effectifs	Pourcentage	Pourcentage valide	Pourcentage cumulé
Valide	NON	16	50,0	50,0	50,0
	OUI	16	50,0	50,0	100,0
	Total	32	100,0	100,0	

FORMATION DES AGENTS DE COLLECTE					
		Effectifs	Pourcentage	Pourcentage valide	Pourcentage cumulé
Valide	NON	14	43,8	43,8	43,8
	OUI	18	56,3	56,3	100,0
	Total	32	100,0	100,0	

QUALITÉ DES INDICATEURS					
		Effectifs	Pourcentage	Pourcentage valide	Pourcentage cumulé
Valide	NON	8	25,0	25,0	25,0
	OUI	24	75,0	75,0	100,0
	Total	32	100,0	100,0	

FORMATION DES AGENTS DE COLLECTE					
		Effectifs	Pourcentage	Pourcentage valide	Pourcentage cumulé
Valide	NON	14	43,8	43,8	43,8
	OUI	18	56,3	56,3	100,0
	Total	32	100,0	100,0	

NOMBRE D'EQD RÉALISÉES SUR L'INDICATEUR					
		Effectifs	Pourcentage	Pourcentage valide	Pourcentage cumulé
Valide	0	14	43,8	43,8	43,8
	1	1	3,1	3,1	46,9
	2	17	53,1	53,1	100,0
	Total	32	100,0	100,0	

Statistiques		
NOMBRE D'EQD RÉALISÉES SUR L'INDICATEUR		
N	Valide	32
	Manquante	0
Moyenne		1,09
Médiane		2,00
Écart-type		,995
Asymétrie		-,198
Erreur std. d'asymétrie		,414
Aplatissement		-2 058
Erreur std. d'aplatissement		,809
Minimum		0
Maximum		2
Centiles	10	,00
	20	,00
	30	,00
	40	,00
	50	2,00
	60	2,00
	70	2,00
	80	2,00
	90	2,00

QUALITÉS DES DONNÉES EN MULTINOMIALE					
		Effectifs	Pourcentage	Pourcentage valide	Pourcentage cumulé
Valide	1	13	40,6	40,6	40,6
	2	3	9,4	9,4	50,0
	3	5	15,6	15,6	65,6
	4	4	12,5	12,5	78,1
	5	7	21,9	21,9	100,0
	Total	32	100,0	100,0	

Il ressort du tableau que :

– Dans 40,6 % des cas, les données sont de très mauvaise qualité ;

– Dans 9,4 % des cas, elles sont de bonne qualité ;

– Dans 21,9 % des cas, elles sont d'excellente qualité.

QUALITÉ DES DONNÉES EN BINAIRE					
		Effectifs	Pourcentage	Pourcentage valide	Pourcentage cumulé
Valide	NON	16	50,0	50,0	50,0
	OUI	16	50,0	50,0	100,0
	Total	32	100,0	100,0	

Il ressort du tableau que :

– Dans 50 % des cas, les données sont de mauvaise qualité ;

– Dans 50 % des cas, elles sont de bonne qualité.

FORMATION DES AGENTS DE COLLECTE					
		Effectifs	Pourcentage	Pourcentage valide	Pourcentage cumulé
Valide	NON	14	43,8	43,8	43,8
	OUI	18	56,3	56,3	100,0
	Total	32	100,0	100,0	

Il ressort du tableau que dans 43,8 % des cas, les agents de collecte ne sont pas formés.

QUALITÉ DES INDICATEURS					
		Effectifs	Pourcentage	Pourcentage valide	Pourcentage cumulé
Valide	NON	8	25,0	25,0	25,0
	OUI	24	75,0	75,0	100,0
	Total	32	100,0	100,0	

Il ressort du tableau que dans 75 % des cas, les indicateurs sont de qualité.

NOMBRE D'EQD RÉALISÉES SUR L'INDICATEUR					
		Effectifs	Pourcentage	Pourcentage valide	Pourcentage cumulé
Valide	0	14	43,8	43,8	43,8
	1	1	3,1	3,1	46,9
	2	17	53,1	53,1	100,0
	Total	32	100,0	100,0	

Il ressort du tableau que dans 43,8 % des cas, aucune étude de la qualité des données n'a été réalisée sur l'indicateur ; dans 53,1 % des cas, deux études ont été réalisées et dans 3,1 % des cas une seule étude a été réalisée.

Statistiques		
NOMBRE D'EQD RÉALISÉES SUR L'INDICATEUR		
N	Valide	32
	Manquante	0
Moyenne		1,09
Médiane		2,00
Écart-type		,995
Asymétrie		-,198
Erreur std. d'asymétrie		,414
Aplatissement		-2 058
Erreur std. d'aplatissement		,809
Minimum		0
Maximum		2
Centiles	10	,00
	20	,00
	30	,00
	40	,00
	50	2,00
	60	2,00
	70	2,00
	80	2,00
	90	2,00

Tableaux croisés

Tableau croisé QUALITÉ DES DONNÉES EN BINAIRE * FORMATION DES AGENTS DE COLLECTE					
			FORMATION DES AGENTS DE COLLECTE		Total
			NON	OUI	
QUALITÉ DES DONNÉES EN BINAIRE	NON	Effectif	7a	9a	16
		% compris dans QUALITÉ DES DONNÉES EN BINAIRE	43,8 %	56,2 %	100,0 %
		% du total	21,9 %	28,1 %	50,0 %
	OUI	Effectif	7a	9a	16
		% compris dans QUALITÉ DES DONNÉES EN BINAIRE	43,8 %	56,2 %	100,0 %
		% du total	21,9 %	28,1 %	50,0 %
Total		Effectif	14	18	32
		% compris dans QUALITÉ DES DONNÉES EN BINAIRE	43,8 %	56,2 %	100,0 %
		% du total	43,8 %	56,2 %	100,0 %
Chaque lettre en indice indique un sous-ensemble de FORMATION DES AGENTS DE COLLECTE, catégories dont les proportions de colonnes ne diffèrent pas de manière significative les unes des autres au niveau ,05.					

Il ressort du tableau que parmi les données de bonne qualité :

– 43,8 % proviennent des agents de collecte n'ayant bénéficié d'aucune formation ;

– 56,2 % proviennent de ceux qui ont bénéficié d'une formation.

Tests du khi-deux					
	Valeur	ddl	Signification asymptotique (bilatérale)	Signification exacte (bilatérale)	Signification exacte (unilatérale)
Khi-deux de Pearson	,000[a]	1	1 000		
Correction pour la continuité[b]	,000	1	1 000		
Rapport de vraisemblance	,000	1	1 000		
Test exact de Fisher				1 000	,639
Nombre d'observations valides	32				
a. 0 cellule (,0 %) a un effectif théorique inférieur à 5. L'effectif théorique minimum est de 7,00.					
b. Calculé uniquement pour un tableau 2 x 2.					

Il ressort du tableau du test du khi-carré que la statistique khi-carré est proche de 0, signe d'une indépendance totale entre les deux variables : « qualité des données » et « formation des agents de collecte ».

Tableau croisé QUALITÉ DES DONNÉES EN BINAIRE * QUALITÉ DES INDICATEURS					
			QUALITÉ DES INDICATEURS		Total
			NON	OUI	
QUALITÉ DES DONNÉES EN BINAIRE	NON	Effectif	3a	13a	16
		% compris dans QUALITÉ DES DONNÉES EN BINAIRE	18,8 %	81,2 %	100,0 %
		% du total	9,4 %	40,6 %	50,0 %
	OUI	Effectif	5a	11a	16
		% compris dans QUALITÉ DES DONNÉES EN BINAIRE	31,2 %	68,8 %	100,0 %
		% du total	15,6 %	34,4 %	50,0 %
Total		Effectif	8	24	32
		% compris dans QUALITÉ DES DONNÉES EN BINAIRE	25,0 %	75,0 %	100,0 %
		% du total	25,0 %	75,0 %	100,0 %
Chaque lettre en indice indique un sous-ensemble de QUALITÉ DES INDICATEURS catégories dont les proportions de colonne ne diffèrent pas de manière significative les unes des autres au niveau ,05.					

Il ressort du tableau que parmi les données de bonne qualité :

– 31,2 % proviennent des indicateurs de mauvaise qualité ;

– 68,8 % proviennent des indicateurs de qualité.

Tests du khi-deux					
	Valeur	ddl	Signification asymptotique (bilatérale)	Signification exacte (bilatérale)	Signification exacte (unilatérale)
Khi-deux de Pearson	,667[a]	1	,414		
Correction pour la continuité[b]	,167	1	,683		
Rapport de vraisemblance	,672	1	,412		
Test exact de Fisher				,685	,343
Nombre d'observations valides	32				
a. 2 cellules (50,0 %) ont un effectif théorique inférieur à 5. L'effectif théorique minimum est de 4,00.					
b. Calculé uniquement pour un tableau 2 x 2.					

Il ressort du tableau du test du khi-carré que la statistique khi-carré est de 0,667 avec une probabilité critique associée de 41,4 %, signe d'une indépendance entre les deux variables. Ce résultat est confirmé par le calcul du coefficient de contingence dans le tableau qui suit :

Mesures symétriques			
		Valeur	Signification approximée
Nominal par nominal	Coefficient de contingence	,143	,414
Nombre d'observations valides		32	
a. L'hypothèse nulle n'est pas considérée.			
b. Utilisation de l'erreur standard asymptotique dans l'hypothèse nulle.			

Il ressort du tableau que le coefficient de contingence est de 0,143 (14,3 %) avec une probabilité critique associée de 41,4 %.

Tableau croisé QUALITÉ DES DONNÉES EN BINAIRE * NOMBRE D'EQD RÉALISÉES SUR L'INDICATEUR						
			NOMBRE D'EQD RÉALISÉES SUR L'INDICATEUR			Total
			0	1	2	
QUALITÉ DES DONNÉES EN BINAIRE	NON	Effectif	8a	0a	8a	16
		% compris dans QUALITÉ DES DONNÉES EN BINAIRE	50,0 %	0,0 %	50,0 %	100,0 %
		% du total	25,0 %	0,0 %	25,0 %	50,0 %
	OUI	Effectif	6a	1a	9a	16
		% compris dans QUALITÉ DES DONNÉES EN BINAIRE	37,5 %	6,2 %	56,2 %	100,0 %
		% du total	18,8 %	3,1 %	28,1 %	50,0 %
Total		Effectif	14	1	17	32
		% compris dans QUALITÉ DES DONNÉES EN BINAIRE	43,8 %	3,1 %	53,1 %	100,0 %
		% du total	43,8 %	3,1 %	53,1 %	100,0 %
Chaque lettre en indice indique un sous-ensemble de NOMBRE D'EQD RÉALISÉES SUR L'INDICATEUR catégories dont les proportions de colonne ne diffèrent pas de manière significative les unes des autres au niveau ,05.						

Il ressort du tableau que parmi les données de bonne qualité :

– 37,5 % proviennent des indicateurs n'ayant connu aucune étude sur la qualité des données ;

– 6,2 %, de ceux ayant fait l'objet d'une seule étude sur la qualité des données ;

– 56,2 %, de ceux ayant connu deux études sur la qualité des données.

Tests du khi-deux			
	Valeur	ddl	Signification asymptotique (bilatérale)
Khi-deux de Pearson	1 345a	2	,511
Rapport de vraisemblance	1 732	2	,421
Nombre d'observations valides	32		
a. 2 cellules (33,3 %) ont un effectif théorique inférieur à 5. L'effectif théorique minimum est de ,50.			

Il ressort du tableau du test du khi-carré que la statistique khi-carré est de 1 345 avec une probabilité critique associée de 51,1 %, signe d'une indépendance entre les deux variables. Ce résultat est confirmé par le calcul du coefficient de contingence dans le tableau qui suit :

Mesures symétriques			
		Valeur	Signification approximée
Nominal par nominal	Coefficient de contingence	,201	,511
Nombre d'observations valides		32	
a. L'hypothèse nulle n'est pas considérée.			
b. Utilisation de l'erreur standard asymptotique dans l'hypothèse nulle.			

Il ressort du tableau que le coefficient de contingence est de 0,201 (20,1 %) % avec une probabilité critique associée de 51,1 %.

Tableau croisé QUALITÉ DES DONNÉES EN BINAIRE * FORMATION DES AGENTS DE COLLECTE					
			FORMATION DES AGENTS DE COLLECTE		Total
			NON	OUI	
QUALITÉ DES DONNÉES EN BINAIRE	NON	Effectif	7a	9a	16
		% compris dans QUALITÉ DES DONNÉES EN BINAIRE	43,8 %	56,2 %	100,0 %
		% du total	21,9 %	28,1 %	50,0 %
	OUI	Effectif	7a	9a	16
		% compris dans QUALITÉ DES DONNÉES EN BINAIRE	43,8 %	56,2 %	100,0 %
		% du total	21,9 %	28,1 %	50,0 %
Total		Effectif	14	18	32
		% compris dans QUALITÉ DES DONNÉES EN BINAIRE	43,8 %	56,2 %	100,0 %
		% du total	43,8 %	56,2 %	100,0 %
Chaque lettre en indice indique un sous-ensemble de FORMATION DES AGENTS DE COLLECTE catégories dont les proportions de colonne ne diffèrent pas de manière significative les unes des autres au niveau ,05.					

Tests du khi-deux					
	Valeur	ddl	Signification asymptotique (bilatérale)	Signification exacte (bilatérale)	Signification exacte (unilatérale)
Khi-deux de Pearson	,000a	1	1 000		
Correction pour la continuité[b]	,000	1	1 000		
Rapport de vraisemblance	,000	1	1 000		
Test exact de Fisher				1 000	,639
Nombre d'observations valides	32				
a. 0 cellule (,0 %) a un effectif théorique inférieur à 5. L'effectif théorique minimum est de 7,00.					
b. Calculé uniquement pour un tableau 2 x 2.					

Tableau croisé QUALITÉ DES DONNÉES EN BINAIRE * QUALITÉ DES INDICATEURS					
			QUALITÉ DES INDICATEURS		Total
			NON	OUI	
QUALITÉ DES DONNÉES EN BINAIRE	NON	Effectif	3a	13a	16
		% compris dans QUALITÉ DES DONNÉES EN BINAIRE	18,8 %	81,2 %	100,0 %
		% du total	9,4 %	40,6 %	50,0 %
	OUI	Effectif	5a	11a	16
		% compris dans QUALITÉ DES DONNÉES EN BINAIRE	31,2 %	68,8 %	100,0 %
		% du total	15,6 %	34,4 %	50,0 %
Total		Effectif	8	24	32

	% compris dans QUALITÉ DES DONNÉES EN BINAIRE	25,0 %	75,0 %	100,0 %
	% du total	25,0 %	75,0 %	100,0 %
Chaque lettre en indice indique un sous-ensemble de QUALITÉ DES INDICATEURS catégories dont les proportions de colonne ne diffèrent pas de manière significative les unes des autres au niveau ,05.				

Tests du khi-deux					
	Valeur	ddl	Signification asymptotique (bilatérale)	Signification exacte (bilatérale)	Signification exacte (unilatérale)
Khi-deux de Pearson	,667a	1	,414		
Correction pour la continuité[b]	,167	1	,683		
Rapport de vraisemblance	,672	1	,412		
Test exact de Fisher				,685	,343
Nombre d'observations valides	32				
a. 2 cellules (50,0 %) ont un effectif théorique inférieur à 5. L'effectif théorique minimum est de 4,00.					
b. Calculé uniquement pour un tableau 2 x 2.					

Mesures symétriques			
		Valeur	Signification approximée
Nominal par nominal	Coefficient de contingence	,143	,414
Nombre d'observations valides		32	
a. L'hypothèse nulle n'est pas considérée.			
b. Utilisation de l'erreur standard asymptotique dans l'hypothèse nulle.			

Tableau croisé QUALITÉ DES DONNÉES EN BINAIRE * NOMBRE D'EQD RÉALISÉES SUR L'INDICATEUR						
			NOMBRE D'EQD RÉALISÉES SUR L'INDICATEUR			Total
			0	1	2	
QUALITÉ DES DONNÉES EN BINAIRE	NON	Effectif	8a	0a	8a	16
		% compris dans QUALITÉ DES DONNÉES EN BINAIRE	50,0 %	0,0 %	50,0 %	100,0 %
		% du total	25,0 %	0,0 %	25,0 %	50,0 %
	OUI	Effectif	6a	1a	9a	16
		% compris dans QUALITÉ DES DONNÉES EN BINAIRE	37,5 %	6,2 %	56,2 %	100,0 %
		% du total	18,8 %	3,1 %	28,1 %	50,0 %
Total		Effectif	14	1	17	32
		% compris dans QUALITÉ DES DONNÉES EN BINAIRE	43,8 %	3,1 %	53,1 %	100,0 %
		% du total	43,8 %	3,1 %	53,1 %	100,0 %
Chaque lettre en indice indique un sous-ensemble de NOMBRE D'EQD RÉALISÉES SUR L'INDICATEUR catégories dont les proportions de colonne ne diffèrent pas de manière significative les unes des autres au niveau ,05.						

Tests du khi-deux			
	Valeur	ddl	Signification asymptotique (bilatérale)
Khi-deux de Pearson	1 345a	2	,511
Rapport de vraisemblance	1 732	2	,421
Nombre d'observations valides	32		
a. 2 cellules (33,3 %) ont un effectif théorique inférieur à 5. L'effectif théorique minimum est de ,50.			

Mesures symétriques			
		Valeur	Signification approximée
Nominal par nominal	Coefficient de contingence	,201	,511
Nombre d'observations valides		32	
a. L'hypothèse nulle n'est pas considérée.			
b. Utilisation de l'erreur standard asymptotique dans l'hypothèse nulle.			

Tableau croisé					
			FORMATION DES AGENTS DE COLLECTE		Total
			NON	OUI	
QUALITÉS DES DONNÉES	1	Effectif	4a	9a	13
		% compris dans QUALITÉ DES DONNÉES	30,8 %	69,2 %	100,0 %
		% du total	12,5 %	28,1 %	40,6 %
	2	Effectif	3a	0 b	3
		% compris dans QUALITÉ DES DONNÉES	100,0 %	0,0 %	100,0 %

		% du total	9,4 %	0,0 %	9,4 %
	3	Effectif	2a	3a	5
		% compris dans QUALITÉ DES DONNÉES	40,0 %	60,0 %	100,0 %
		% du total	6,2 %	9,4 %	15,6 %
	4	Effectif	0a	4a	4
		% compris dans QUALITÉ DES DONNÉES	0,0 %	100,0 %	100,0 %
		% du total	0,0 %	12,5 %	12,5 %
	5	Effectif	5a	2a	7
		% compris dans QUALITÉ DES DONNÉES	71,4 %	28,6 %	100,0 %
		% du total	15,6 %	6,2 %	21,9 %
Total		Effectif	14	18	32
		% compris dans QUALITÉ DES DONNÉES	43,8 %	56,2 %	100,0 %
		% du total	43,8 %	56,2 %	100,0 %
Chaque lettre en indice indique un sous-ensemble de FORMATION DES AGENTS DE COLLECTE catégories dont les proportions de colonne ne diffèrent pas de manière significative les unes des autres au niveau ,05.					

Tests du khi-deux			
	Valeur	ddl	Signification asymptotique (bilatérale)
Khi-deux de Pearson	10 066a	4	,039
Rapport de vraisemblance	12 706	4	,013
Nombre d'observations valides	32		
a. 8 cellules (80,0 %) ont un effectif théorique inférieur à 5. L'effectif théorique minimum est de 1,31.			

Mesures symétriques			
		Valeur	Signification approximée
Nominal par nominal	Coefficient de contingence	,489	,039
Nombre d'observations valides		32	
a. L'hypothèse nulle n'est pas considérée.			
b. Utilisation de l'erreur standard asymptotique dans l'hypothèse nulle.			
c. Les statistiques de corrélation ne sont proposées que pour les données numériques.			

Tableau croisé						
			NOMBRE D'EQD RÉALISÉES SUR L'INDICATEUR			Total
			0	1	2	
QUALITÉ DES DONNÉES	1	Effectif	5a	0a	8a	13
		% compris dans QUALITÉ DES DONNÉES	38,5 %	0,0 %	61,5 %	100,0 %
		% du total	15,6 %	0,0 %	25,0 %	40,6 %
	2	Effectif	3a	0a	0a	3

		% compris dans QUALITÉ DES DONNÉES	100,0 %	0,0 %	0,0 %	100,0 %
		% du total	9,4 %	0,0 %	0,0 %	9,4 %
	3	Effectif	2a	0a	3a	5
		% compris dans QUALITÉ DES DONNÉES	40,0 %	0,0 %	60,0 %	100,0 %
		% du total	6,2 %	0,0 %	9,4 %	15,6 %
	4	Effectif	0a	0a	4a	4
		% compris dans QUALITÉ DES DONNÉES	0,0 %	0,0 %	100,0 %	100,0 %
		% du total	0,0 %	0,0 %	12,5 %	12,5 %
	5	Effectif	4a	1a	2a	7
		% compris dans QUALITÉ DES DONNÉES	57,1 %	14,3 %	28,6 %	100,0 %
		% du total	12,5 %	3,1 %	6,2 %	21,9 %
Total		Effectif	14	1	17	32
		% compris dans QUALITÉ DES DONNÉES	43,8 %	3,1 %	53,1 %	100,0 %
		% du total	43,8 %	3,1 %	53,1 %	100,0 %

Chaque lettre en indice indique un sous-ensemble de NOMBRE D'EQD RÉALISÉES SUR L'INDICATEUR catégories dont les proportions de colonne ne diffèrent pas de manière significative les unes des autres au niveau ,05.

Tests du khi-deux			
	Valeur	ddl	Signification asymptotique (bilatérale)
Khi-deux de Pearson	12 137a	8	,145
Rapport de vraisemblance	14 151	8	,078
Association linéaire par linéaire	,047	1	,828
Nombre d'observations valides	32		
a. 13 cellules (86,7 %) ont un effectif théorique inférieur à 5. L'effectif théorique minimum est de ,09.			

Mesures symétriques					
		Valeur	Erreur standard asymptotique	T approximé[b]	Signification approximée
Nominal par nominal	Coefficient de contingence	,524			,145
Intervalle par intervalle	R de Pearson	-,039	,174	-,213	,832c
Ordinal par ordinal	Corrélation de Spearman	-,071	,178	-,389	,700c
Nombre d'observations valides		32			
a. L'hypothèse nulle n'est pas considérée.					
b. Utilisation de l'erreur standard asymptotique dans l'hypothèse nulle.					
c. Basé sur une approximation normale.					

Tableau croisé					
			QUALITÉ DES INDICATEURS		Total
			NON	OUI	
QUALITÉ DES DONNÉES	1	Effectif	3a	10a	13
		% compris dans QUALITÉ DES DONNÉES	23,1 %	76,9 %	100,0 %
		% du total	9,4 %	31,2 %	40,6 %
	2	Effectif	0a	3a	3
		% compris dans QUALITÉ DES DONNÉES	0,0 %	100,0 %	100,0 %
		% du total	0,0 %	9,4 %	9,4 %
	3	Effectif	1a	4a	5
		% compris dans QUALITÉ DES DONNÉES	20,0 %	80,0 %	100,0 %
		% du total	3,1 %	12,5 %	15,6 %
	4	Effectif	1a	3a	4
		% compris dans QUALITÉ DES DONNÉES	25,0 %	75,0 %	100,0 %
		% du total	3,1 %	9,4 %	12,5 %
	5	Effectif	3a	4a	7
		% compris dans QUALITÉ DES DONNÉES	42,9 %	57,1 %	100,0 %
		% du total	9,4 %	12,5 %	21,9 %
Total		Effectif	8	24	32
		% compris dans QUALITÉ DES DONNÉES	25,0 %	75,0 %	100,0 %

	% du total	25,0 %	75,0 %	100,0 %
Chaque lettre en indice indique un sous-ensemble de QUALITÉ DES INDICATEURS catégories dont les proportions de colonne ne diffèrent pas de manière significative les unes des autres au niveau ,05.				

Tests du khi-deux			
	Valeur	ddl	Signification asymptotique (bilatérale)
Khi-deux de Pearson	2 283a	4	,684
Rapport de vraisemblance	2 881	4	,578
Nombre d'observations valides	32		
a. 8 cellules (80,0 %) ont un effectif théorique inférieur à 5. L'effectif théorique minimum est de ,75.			

Mesures symétriques			
		Valeur	Signification approximée
Nominal par nominal	Coefficient de contingence	,258	,684
Nombre d'observations valides		32	
a. L'hypothèse nulle n'est pas considérée.			
b. Utilisation de l'erreur standard asymptotique dans l'hypothèse nulle.			
c. Les statistiques de corrélation ne sont proposées que pour les données numériques.			

Références

Adir Even *et al.*: *Comparative analysis of data quality and utility inequality assessments* : http://aisel.aisnet.org/ecis2008 ;

Ahizi Dorcas : *Évaluation de la performance de projets d'aide internationale au développement : exemple de trois projets exécutés en Côte d'Ivoire* ; HAL Id : tel-02274553 ;

Bernàt Gàbor : *Statistics : making sense of data*, @coursera, May 23, 2013 ;

connaissances : un état de l'art, Revue des Nouvelles Technologies de l'Information, 2004, numéro spécial « Mesures de qualité pour la fouille de données ». ffhal-01856198f ;

Even *et al.* : *Comparative analysis of data quality and utility inequality assessments,* Ben Gurion University of the Negev, Department of Industrial Engineering and Management ;

Fonds mondial de lutte contre le sida, la tuberculose et le paludisme, Bureau du coordonnateur de la lutte contre le sida dans le monde, USAID, OMS et MEASURE Evaluation. 2007. *Data Quality Assessment Tool* (Volume 1). *Guidelines for Implementation : Audit Guidelines for Assessing a Program/Project's Ability to Report on Quality Data*

[Outil d'évaluation de la qualité des données] (volume 1) ;

Guillomont Patrick *et al.* : « L'efficacité de l'aide pour réduire la pauvreté : leçons des analyses transversales et influence de la vulnérabilité des pays », in *Revue d'économie du développement* ; 2013/4, vol. 21, pages 115 à 164, p. 4. De Boeck Supérieur ;
https://tel.archives-ouvertes.fr/tel-02274553
Submitted on 30 Aug. 2019.
https://www.statcan.gc.ca/fra/trousse-qualite-donnees en date du 19 décembre 2020 ;

Johanna Levesque : *L'évaluation de la qualité des données spatiales (approche top-down et gestion de l'évaluation de la qualité des données géospatiales ; approche top-down et gestion de la métaqualité),* département des sciences géomatiques ; faculté de foresterie et de géomatique *;* Université de Laval ; Québec ; 2007 *;*

Laure Berti-Equille : « La qualité des données comme condition à la qualité des connaissances : un état de l'art ». *Revue des Nouvelles Technologies de l'Information*, 2004, numéro spécial « Mesures de qualité pour la fouille de données ». ffhal-01856198f

Markus Eppler *et al.* : "A classification and analysis of data quality costs" *;*
https://www.researchgate.net/publication/26642288 1 ; January 2004 ;

Martin Goulet : « Hiérarchiser les dimensions de la qualité des données : an alyse comparative entre la littérature et les praticiens en technologies de l'information », mémoire de master à la faculté des sciences, Université de Sherbrooke, Longueuil, Québec, Canada, février 2012 ;

Moine Jean-Yves : *Le grand livre de la gestion de projet*, Éditions AFNOR, Plaine Saint-Denis, 2013 ;

Mushi Mugumo Ferdinand : *Les projets : techniques d'élaboration, d'exécution et d'évaluation*, Éditions Pensée Africaine, Kinshasa, 2010 ;

Ndikumana Léonce : « Appliquer l'évaluation à l'aide au développement : une solution pour combler le fossé micro-macro de l'efficacité de l'aide ? » in *Revue d'économie du développement,* 2012/4 (vol. 20), pages 125 à 153, Éditions De Boeck ;

OCDE : *Guide de l'OCDE pour l'établissement de statistiques internationalement comparables dans le domaine de l'éducation ;* © OCDE ; 2018 ;

OECD: *Aid projects targeting gender equality and women empowerment (CRS) and DAC gender equality policy marker methodology ;* 2019.

Office of Environmental Information, *Data quality assessment: statistical methods for practitioners EPA QA/G-9S,* February 2006, Washington DC *;*

Statistique Canada : *Lignes directrices concernant la qualité,* Sixième édition, décembre 2019 ;

Tièche Julien *: « La mesure des dimensions de la qualité des archives électroniques : apport des textes normatifs en matière d'archivage électronique à long terme ; Genève, 2 mars 2015 » ;* mémoire présentée à la Haute École de Gestion de Genève (HEG-GE) ;

Table des matières

Revue « Marché et Organisations »

Promouvoir la recherche originale sur les relations de plus en plus étroites entre le marché et les organisations. Les acteurs économiques de taille, de puissance et de pouvoir différents dont les intérêts peuvent être convergents, complémentaires ou, le plus souvent, antagoniques, ont tendance à organiser les marchés. La raison du marché, pourtant, est la référence stratégique pour l'entreprise ainsi que pour les institutions publiques de décision économique.

N°6 : Entrepreneuriat et accompagnement. Outils, actions et paradigmes nouveaux, 2008
N°7 : Développement durable des territoires. Economie sociale, environnement et innovations, 2008
N°8 : Développement durable et responsabilité sociale des acteurs, 2009
N°9 : Gouvernance : exercices de pouvoir, 2009
N°10 : Le travail collaboratif. Une innovation générique, 2009
N°11 : Economie sociale et solidaire. Nouvelles trajectoires d'innovations, 2010
N°12 : Relations à la marque et marques de la relation. Regards croisés sur le management relationnel de la marque, 2010
N°13 : Les contrats au service de la recherche ?, 2011
N°14 : Le potentiel économique de l'Afrique subsaharienne, 2011
N°15 : Management de la distribution, 2012
N°16 : Territoire Vert. Entreprises, Institutions, Innovations, 2012
N°17 : Eco-conception, conception et innovation. Les nouveaux défis de l'entreprise, 2013
N°18 : Intelligence économique : entreprises et territoires, 2013
N°19 : La finance globale. Un monde fini, 2013
N°20 : La crise du « développement », 2014
N°21 : La Chine innove. Politiques publiques et stratégies d'entreprise, 2014
N°22 : Go East! Nouvelles Economies de Marché, 2015
N°23 : L'économie du changement, 2015
N°24 : Le temps des artisans. Permanences et mutations, 2015
N°25 : Innovations de proximité et esprit d'entreprise, 2016
N°26 : L'avenir des économies du Maghreb : entre inertie structurelle et envie de rupture, 2016/3 (n° 27)
N°27 : Le sport aux frontières du marché du travail, 2016
N°28 : Dynamiques internationales des entreprises, 2017
N°29 : L'univers du risque, 2017
N°30 : Les petites entreprises dans l'histoire industrielle, 2017
N°31 : Economie sociale et *social business* ? Au défi d'entreprendre et se financer, 2018
N°32 : Éducation et fertilisation des économies africaines, 2018
N°33 : L'entrepreneuriat innovant dans les pays du Maghreb, 2018
N°34 : L'entrepreneuriat scientifique : institutions et innovation, 2019
N°35 : Le champ économique de la culture, 2019
N°36 : Economie sociale et solidaire ? Modèles d'innovation et modes de gouvernance, 2019
N°37 : Rethinking Luxury Business, 2020
N°38 : La santé connectée. Nouvelles technologies et réorganisation des soins, 2020
N°39 : Options stratégiques et systèmes complexes d'innovation, 2020
N°40 : Les services : intégration des systèmes productifs et lien social, 2021
N°41 : Crise pandémique, crise globale. Réalité et controverses théoriques, 2021
N°42 : La crise de la covid-19. Le marché et les organisations en perspective, 2021
N°43 : (Re)faire système. *Bug & reset*, 2022
N°44 : Aléas du marché et management du risque, 2022
N°45 : Le renouveau du transport et de la logistique : les systèmes d'information, 2022
N°46 : Entrepreneuriat et innovation dans l'enseignement supérieur, 2023
N°47 : Le tourisme créatif. Culture, créativité, patrimoine, management, 2023
N°48 : L'Afrique : questions de performances, 2023
N°49 : *Fintech* en sciences du management, 2024

https://www.cairn.info/revue-marche-et-organisations.htm

Collection « L'esprit économique »

fondée par Sophie Boutillier et Dimitri Uzunidis en 1996

Dernières parutions

► ***Série Economie et Innovation***

T. MICHAUD, *Le projet spatial européen, entre pragmatisme et imagination*, 2020.

J.-P. SCHMITT, N. RAVIDAT, *Management conjoint de la technologie et de la personne. Pour performer et croitre*, 2020.

Y. EL YAHYAOUI, *Economie des plateformes numériques. Captation de la valeur, pouvoir de marché et communs collaboratifs*, 2021.

G. DUTHIL, *Handicap et insertion professionnelle*, 2022.

T. MICHAUD, *La science-fiction institutionnelle*, 2023.

► ***Série Le Monde en Questions***

C. GALLOUJ, S. GALLOUJ, *Grande distribution non alimentaire au Maroc. GSS, grands magasins, malls, franchises et e-commerce*, 2023.

C. SARI, *Valeur relative de la monnaie et taux de change. Vers la fin de l'étalon dollar ?*, 2023.

G. DUTHIL, N. POLINI, *La Défense nationale*, 2023.

A. DAGHER, *La crise financière du Liban : taux de change, FMI, politique monétaire*, 2023.

G. BAYOH, *Ecosystème des transferts internationaux d'argent et développement durable : Contraintes et solutions*, 2024.

S. BENBACHIR, *Performances bancaires des pays du Moyen-Orient et de l'Afrique du nord. Modélisation de l'efficience et de la productivité des banques*, 2024.

► ***Série Krisis***

M. WIELEZYNSKI, *La loi du marché post-esclavagiste. Une approche critique*, 2023.

G. MINART, *Condorcet économiste : un libéralisme économique au service du bien public*, 2023.

A. MANRAY, *Petit traité de gouvernance à l'usage des despotes éclairés*, 2024.

B. LANDAIS, *Théorie générale de la croissance économique et du développement*, 2024.

V. SOYER, *Critique de la théorie contemporaine de la valeur*, 2024.

► ***Série Clichés***

S. BOUTILLIER, D. UZUNIDIS (dir.), *La Russie européenne. Du passé composé au futur antérieur*, 2008.

R. VOLPI, *La négociation. Pain, paix, liberté*, 2009.

B. S. BONBON, *Géométrie parabolique tridimensionnelle ou perspective parabolique*, 2023.

S. BOUTILLIER, B. LAPERCHE, S. T. K. LE, *Ports industriels en transition : De l'économie circulaire à la décarbonation*, 2024.

► ***Série Cours Principaux***

M. EL KARRIM, *Introduction à l'économétrie appliquée*, 2022.

Z. FIRANO, *Fondements de la finance de marché. Théories et applications*, 2022.

Y. KEHO, *Introduction à l'économétrie appliquée sous EVIEWS, Rappels de cours et illustrations pratiques*, 2023.

K. AMZILE, *Intelligence artificielle et modélisation du risque de crédit*, 2023.

B. LANDAIS, *Macroéconomie. Les fondamentaux*, 2024.

A. KATFI, O. EL MNOUER (dir.), *Mathématiques financières. Cours d'initiation et exercices corrigés*, 2024.

J. NGONGO NGOY, *Manuel d'analyse financière*, 2024.

► ***Série L'économie formelle***

J. LATREILLE, *Sale temps pour l'économie marchande*, 2021.

J. LATREILLE, *Escronomistes ! Ces théories qui abîment le monde*, 2022.

M. FOUQUIN, *Dettes publiques à long terme et souveraineté nationale : enseignements des crises du XIIe au XXIe siècle*, 2023.

J.-P. ROSELLO, *Marchés financiers, capital financier et crises systémiques*, 2024.

J.-L. VILLOUTREIX, *L'eau coule à Aguad : un conte économique*, 2024.

B. MEUNIER, *L'insoutenable dette publique de la France*, 2024.

J. LATREILLE, *Le PIB, ou la mesure de notre démesure*, 2024.

Structures éditoriales du groupe L'Harmattan

L'Harmattan Italie
Via degli Artisti, 15
10124 Torino
harmattan.italia@gmail.com

L'Harmattan Hongrie
Kossuth l. u. 14-16.
1053 Budapest
harmattan@harmattan.hu

L'Harmattan Sénégal
10 VDN en face Mermoz
BP 45034 Dakar-Fann
senharmattan@gmail.com

L'Harmattan Cameroun
TSINGA/FECAFOOT
BP 11486 Yaoundé
inkoukam@gmail.com

L'Harmattan Burkina Faso
Achille Somé – tengnule@hotmail.fr

L'Harmattan Guinée
Almamya, rue KA 028 OKB Agency
BP 3470 Conakry
harmattanguinee@yahoo.fr

L'Harmattan RDC
185, avenue Nyangwe
Commune de Lingwala – Kinshasa
matangilamusadila@yahoo.fr

L'Harmattan Congo
219, avenue Nelson Mandela
BP 2874 Brazzaville
harmattan.congo@yahoo.fr

L'Harmattan Mali
ACI 2000 - Immeuble Mgr Jean Marie Cisse
Bureau 10
BP 145 Bamako-Mali
mali@harmattan.fr

L'Harmattan Togo
Djidjole – Lomé
Maison Amela
face EPP BATOME
ddamela@aol.com

L'Harmattan Côte d'Ivoire
Résidence Karl – Cité des Arts
Abidjan-Cocody
03 BP 1588 Abidjan
espace_harmattan.ci@hotmail.fr

Nos librairies en France

Librairie internationale
16, rue des Écoles
75005 Paris
librairie.internationale@harmattan.fr
01 40 46 79 11
www.librairieharmattan.com

Librairie des savoirs
21, rue des Écoles
75005 Paris
librairie.sh@harmattan.fr
01 46 34 13 71
www.librairieharmattansh.com

Librairie Le Lucernaire
53, rue Notre-Dame-des-Champs
75006 Paris
librairie@lucernaire.fr
01 42 22 67 13

www.ingramcontent.com/pod-product-compliance
Lightning Source LLC
La Vergne TN
LVHW021228061026
849535LV00008B/2971